Principios del Método de Personaje

Principio regulador:

LA ACCIÓN DRAMÁTICA ES RESULTADO DE LAS RELACIONES DE LOS PERSONAJES

PRINCIPIOS FUNCIONALES:

PRINCIPIO FRACTAL (ESTRUCTURAL):

La relación de personaje es resultado de una triada de fuerzas

Son tres los tipos de fuerzas: Activa, Pasiva y Neutra

Las activa y pasiva son fuerzas equivalentes

PRINCIPIO FUNCIONAL:

La Fuerza Neutra es la que genera progresión dramática

Cada personaje establece relación directa con otros dos personajes

El personaje es tendencioso (caracterológicamente inamovible)

PRINCIPIO AXIOLÓGICO:

Las fuerzas no tienen carácter valorativo

La Fuerza Activa principal es portadora del tema

Cada personaje representa un valor

Said Orlando

Aprender a Escribir

Algunos tópicos sobre Escritura Creativa y *Guión*

EDICIONES

861.5
D983s

    Orlando, Said, seud
       Aprender a Escribir / Said Orlando – 1ª. ed – Heredia, 2016.
       236 p.; il.

       ISBN 978-9930-9524-2-9
       1. ACADEMIA 2. LITERATURA COSTARRICENSE

*A mi padre,
sin cuya inteligencia y bondad
no sería el hombre que soy.*

*A mi madre,
la última comunista de la Tierra,
a quien amo y admiro.*

Contenido

Prólogo 1

Prefacio 4

El Método 2

Los principios por el principio 16

Apuntes sobre la Secuencia Básica 31

La construcción del personaje 53

Fuerzas, personajes y personalidad 62

Principios funcionales: 71

Principio funcional: 72

Principio axiológico: 72

Los mal acogidos 75

Katy se ríe en la web 78

El Club del Escritor 82

Recursos contra el talento 86

El pretexto argumental 96
    o cómo se construye una sinopsis 96

El mejor libro: bestseller o longseller 101

Cuentos: son cuentos 104

Decálogo del Novelista 107

Decálogo del guionista 109

Decálogo del Poeta...112

Decálogo del Narrador..113

Viaje a la semilla..115
  (o porqué un relato puede construirse en reversa)....................115

Omne initium difficile..117

Circum stantia... 125

Algunos consejos adicionales..129

La percepción que los demás tienen de ti difiere, por mucho, de la imagen en la que te regodeas... 132

La condición del diálogo... 135

Breviario del Documentalista..140

¿Quien quiere SER MILLONARIO?... 148

Ejemplo de personaje..153
  Pancito de Dios. Fuerza Pasiva. 64...153

Los ambiciosos.. 159
  (El dialogo cinematográfico. Extracto de un guión)....................159

Idas y venidas..167
  (El diálogo literario)... 167

Un blog para aprender a escribir..173

La chica HOOTERS...175
  (Fragmento de una novela en proceso)...................................... 175

Un modelo insurgente para la relaciones interpersonales...................185

El libro y la serie... 198

Biblia de Producción (Fragmento)...199

Glosario...215

Prólogo

El arte de escribir para entretener más allá de tener un tema para contar una historia, se debe tener una estructura sólida que pueda mantener el interés de la audiencia de principio a fin. En mis más de 20 años de experiencia en los campos de la producción cinematográfica y la educación he tenido la oportunidad de leer y aplicar las enseñanzas de autores tales como Robert Mckee, Blake Snyder, Irwin R. Blacker, y George Lucas, entre otros. Cada uno de ellos ha tratado de simplificar y dar una fórmula de cómo lograr armar una trama, desarrollar personajes, crear situaciones y definir conflictos y objetivos; basados en sus propias experiencias, y en la estructura dramática desarrollada en la antigua Grecia, la cual ha sido la base de la mayoría de los métodos de escritura modernos. La estructura narrativa expuesta en este libro por Said Orlando trata de alejarse e ir más allá de esta estructura griega e introduce conceptos nuevos como el uso de las triadas que interactúan unas con otras de diferentes formas para crear el argumento de la historia que se desea contar.
Tuve la oportunidad de conocer el trabajo de Said Orlando a finales del 2012, cuando estaba iniciando con el proyecto de la apertura de la Academia de Cine y Animación de la Ulacit. Recuerdo que en la entrevista que le realicé como parte del proceso de contratación para ser docente de la universidad, el me comentó sobre el proceso que venía realizando desde algunos años atrás para crear una nuevo sistema para desarrollar historias, que le ayudarán a las personas que iniciaban en el arte de la escritura, a poder obtener mejores resultados desde sus primeros borradores. Debo decir que esta posibilidad me intrigó y captó mi atención desde el inicio. Unos días más tarde una vez

finalizado el proceso de contratación docente y ya estando incorporado Said formalmente como profesor de la nueva academia, me senté con él a desarrollar el plan de estudios de la especialización técnica de escritura creativa para el entretenimiento, ya que deseaba incorporar algunas de sus ideas sobre la estructura narrativa en los cursos de esta especialización. El resultado de este trabajo no solo fue más allá de los objetivos que me había planteado, sino que estableció las bases de la enseñanza del arte de la escritura creativa para las nuevas generaciones de escritores costarricenses.

El mundo globalizado en el que vivimos hoy en día, junto con el desarrollo de las tecnologías que han hecho posible la convergencia digital de los dispositivos electrónicos interconectados, así como la facilidad de obtener información sobre cualquier tema de forma instantánea ha creado nuevos paradigmas y establecido nuevos desafíos para los escritores que deseen desarrollarse en cualesquiera de los géneros literarios existentes.

La necesidad del ser humano de escapar de su propia realidad y de tener la posibilidad de vivir otras vidas y experimentar cosas nuevas a través de personajes imaginarios ha hecho que las historias de los superhéroes hayan saltado de las páginas de las historietas a las pantallas de los cines y las consolas de los videojuegos. Lo interesante de todo esto es que tales personajes son interpretaciones modernas de las leyendas, cuentos, novelas o historias mitológicas de civilizaciones antiguas que han llegado hasta nuestros días. Sin embargo aún existen muchas otras historias que aún no se han contado, porque han quedado en el olvido, o encerradas con los habitantes de regiones remotas de nuestro planeta.

Lo que el lector encontrará en este libro es un abordaje completamente nuevo tanto del guion cinematográfico como de la escritura creativa en general. Esta nueva metodología expuesta aquí le servirá tanto al escritor principiante, como a aquel que ya tenga camino recorrido en la industria. Said comienza su método despertando los procesos intuitivos del escritor, obligándolo a

establecer un orden estricto de pasos, para lograr objetivos específicos que garantizarán resultados inmediatos. Estos pasos pueden ser empleados tanto para escribir una telenovela como un videojuego.
Como cualquier otro método desarrollado sobre el trabajo de vida y en vida de un autor hay que ser claros que aún no está terminado y que se encuentra en constante desarrollo, sin embargo el libro cubre los fundamentos del método que ya han sido puestos a prueba durante varios años de experiencia profesional y docente.
Los invito a abrir sus mentes, a romper los esquemas, a mirar fuera de la caja y a dejarse llevar por esta nueva visión del proceso creativo del escritor, que estoy seguro provocará un cambio irreversible en su forma de escribir y de ver el mundo y las relaciones humanas.

MSc. Claudio M. Rojas, 30 julio 2016

Prefacio

Sin importar si eres un aficionado o un profesional, este libro te interesa. Desarrollar discursos nuevos se ha convertido en el verdadero reto del escritor. El agotamiento del mito ha provocado que los relatos se hayan vuelto recurrentes y aburridos; relatos de una cultura general cansada que se expresa en miríadas de productos multimedia, teatrales y literarios que hablan mas o menos de lo mismo.

Cuando tenía tal vez catorce años uno de esos personajes que cabe mencionar en la vida me dijo: "Tienes madera de escritor". Por supuesto, acepté eso como un hecho y nunca he dejado de creérmelo aún cuando las circunstancias me eran completamente desfavorables. Afortunadamente conocí a Borges cuando ya era irremediable que escribiera porque cuando se empieza a leer en serio –hay que leer en serio si se quieres escribir en serio- es fácil descubrir que ya se ha escrito de todo y se ha hecho bien. Ni que decir que el incalificable Sturgeon apareció en un susto hace apenas unos pocos años cuando ya creía bien instaladas mis referencias literarias afectando de manera irreversible la manera en la que escribía. En todo caso uno y otro – Borges y Sturgeon- me habrían retado en lugar de cejar por creerlos insuperables. Lo cierto es que también me ocurrió con el cine: después de ver algunas de esas piezas maestras de un Chaplin, un Tarkovsky, un Kubrick y un Herzog me pregunté qué nos habían dejado por hacer.

Por si aún fuera poco, en mis estudios superiores de cine tuve un único y ciertamente pobre curso de guión. Todo esto generó las condiciones para tomar mi propio camino de investigación sobre los mecanismos de la escritura creativa que procuraban cubrir mis necesidades expresivas.

Había pensado por años que la falta de una buena escuela de guión era de esos faltantes que suelen hacer particular la existencia individual. Mientras que buscaba información para completar este conocimiento descubrí que la carencia era universal. Lo descubrí con un "excelente" guionista extranjero en un resueltamente aburrido curso. Para cuando esto ocurría, tenía bastante avanzada una metodología que llamaba, si mal no recuerdo, "Método de Superficies Dinámicas" en la que establecía nueve ventanas sobre una hoja en blanco con una conexión interna que impedía que el relato dramático se volviera lineal haciéndolo predecible. Resultaba un mecanismo muy rápido y por eso tal vez debería recuperarlo algún día.

Sin embargo, cuando impartía cursos cada vez insistía mas sobre la necesidad de construir personajes versátiles y consistentes. Un buen día comprendí que me dirigía hacia un "Método de Personaje". Cuando esto se hizo claro, todo el discurso anterior se cohesionó de manera tal que el Método se volvió diáfano y asequible pudiendo ser explicado en unas pocas líneas. Simplicidad y eficacia, como debe ser un buen sistema. Sin embargo, la verdadera validación de cualquier procedimiento de trabajo es su puesta en práctica.

El Método de Personaje es un conjunto de herramientas útiles para cualquiera que se dedique o quiera dedicarse profesionalmente a la producción de contenidos multimedia. Es un sistema de escritura creativa original y autónomo. Es original porque sus presupuestos teóricos se han construido en la sistematización del trabajo de un escritor y guionista procurando solventar los desafíos que plantea el relato dramático. Es autónomo porque ha partido de cero y se ha articulado con independencia de las visiones teórica de la dramaturgia clásica y de las escuelas de guión establecidas en el siglo XX. Si aún hubieras decidido que nunca te convertirás en escritor, tener un conocimiento aunque sea básico de los principios de una buena narración te ayudará a entender qué esperar de un escritor o un guionista. Este libro hará mucho más que eso.

Siempre uso la imagen de la arquitectura para argumentar –como si hiciera falta hacerlo- la importancia del guión en la obra multimedia. El guión es a la multimedia lo que el plano es a la arquitectura. La ausencia de buenos diseños se refleja en una arquitectura aburrida sin una referencia, aunque sea mínima, de la época en la que se ha desarrollado. Siempre me ha parecido que un país sin arquitectura es culturalmente amorfo y débil. Con el guión ocurre otro tanto.

La cultura, que expresa los contenidos de una época, se manifiesta en todas sus variables en los diversos productos multimedia: radio, cine, televisión, videojuegos y redes sociales. Un medio cultural dado –un país- cuya practica corriente muestra desprecio por el guión nunca terminará de establecer una industria de la multimedia. Curiosa y consistentemente, un país que menosprecia la función del guionista también suele minimizar la importancia del arquitecto. Los productos multimedia realizado con medianos conocimientos por productores empíricos y las casas mayoritariamente edificadas por ingenieros suelen producir obras menores y una imagen general de pobreza cultural.

Los medios de comunicación, especialmente aquellos que permiten el desarrollo de contenidos dramáticos, son territorios infinitos tanto desde una perspectiva cultural como de negocio. La necesidad de llenar franjas horarias genera una demanda continua de material fresco. Esta es una tendencia que, a menos que entremos en la manoseada etapa post-apocalíptica que los propios medios insisten en vendernos, se mantendrá creciendo por mucho tiempo.

Es esta abrumadora demanda la que ha hecho una reabsorción extenuante de los mitos y que ha conducido al empobrecimiento de los relatos. Ya no se cuenta nada nuevo: después de ver una serie de policía las habrás visto todas; después de las Guerras de las Galaxias, todas las demás guerras: las televisivas, las virtuales y las reales. Lo mas inteligente se halla con dolorosa búsqueda en obras de mero entretenimiento donde la codicia y la podredumbre con su inevitable salida feliz provee a un perceptor idiotizado sueros que inhiben la conciencia.

Esto está distante de ser discurso político. Estoy hablando de saturación de contenidos. En términos prácticos significa que si no se busca un poco de conocimiento por vías mas confiables que los propios medios, el escritor estará condenado a ser un simple reproductor de tales contenidos. En ese caso, es muy poco probable que llegue a ganar algo de dinero con este oficio.

Este libro fue inicialmente una revisión de artículos sobre el arte de escribir guiones - aunque su alcance se extiende hasta otros productos literarios como la novela- originalmente publicados en dos de mis bitácoras Aprender a Escribir y La isla del poniente. En la práctica terminó siendo re-escrito casi en su totalidad ante la necesidad de aclarar muchas de las propuestas que estaban mayoritariamente esbozadas en las bitácoras. Por eso no ha perdido del todo la informalidad con que suelen ser manejados los tópicos en las redes sociales. Debajo de lo variopinto, podrá notarse una unidad metodológica ya que estas bitácoras han tenido desde sus inicios el propósito de mostrar la multiplicidad de responsabilidades que tiene un escritor -que busque resultados loables- desde la perspectiva de una metodología que he desarrollado durante los últimos veinte años.

Eventualmente hallará reiteraciones aún cuando los capítulos abordan conceptos específicos. Esto es necesario por el carácter de autonomía conceptual del Método de Personaje. Algunos puntos dejados por fuera de las bitácoras serán desarrollados aquí con mayor detenimiento a fin de generar nuevos espacios de reflexión fuera para complementar algún asunto, para actualizarlo o porque un descubrimiento personal de jornadas recientes hiciera méritos suficientes para colocarlos sobre el mantel.

Cuando aparezcan términos en Letra Capital o en **negrita**, por ejemplo Método de Personaje o **Fuerza Activa**, se quiere implicar que son categorías desarrolladas en el contexto de la metodología que aquí se expresa. Estas categorías y otros términos son explicados en un Glosario al final del libro. Cuando se hagan advertencias puntuales se usará **la negrita combinada con** *itálica* (por Ej: ***NOTA: No temas poner desde ahora como se va a resolver tu relato***). También usaré el subrayado y la LETRA CAPITAL para llamar tu atención cuando lo crea necesario. Las palabras que inician con mayúscula indica que es un término o categoría del Método. Cuando encuentres una palabra o expresión resaltada, indica que está incluida en el Glosario la final del libro y ocurrirá la primera vez que aparezca en el capítulo . Por último, he colocado algunas referencias personales como mecanismo complementario de ejercitación. El resto queda por ti: no hay manera de aprender algo si no se hace. Esto es absoluto.

Said Orlando, Julio de 2016

> Hay una enseñanza fundamental en estos pliegos: el trabajo del escritor no se limita al estricto ámbito de la literatura, sea el guión con el que se desarrollará un producto multimedia -una película, un videojuego, una serie para televisión o para medios digitales-, sea una novela literaria. El escritor debe realizar una preparación concienzuda y sistemática, que genere una masa crítica de información que le permita llevar a buen término lo que se propone. Es el trabajo previo al desarrollo de cualquier relato y esto, de ninguna manera, es opcional. Es lo que se mostrará aquí.

El sistema

El Método

El Método de Personaje es una metodología de escritura creativa basada en un principio regulador y tres principios funcionales. Ciertamente, es crítico comprender perfectamente estos principios como condición de su aplicabilidad y por eso dedicaré un espacio en los siguientes capítulos para dilucidarlos como corresponde. Por el momento, aún antes de abordar tales principios que constituyen, sin duda, el núcleo del Método, es propicio ir adelantando algo de trabajo sustancial para entrar en calor. Primero trabajaremos en lo que llamo Secuencia Básica:

Título ▶ Tema ▶ Idea ▶ Sinopsis ▶ Personajes ▶ Argumento

Sea una novela, un guión, un libreto radial o teatral -igual que si dijera "pintar al óleo"- todo inicia con trabajo resuelto, mejor que con inspiración. Cuando se empieza a escribir se cree que es importante tener una buena idea. No es cierto.

Primero un Título. Puede parecerte loco, pero no hay como un Título para arrancar. Es más, aunque tengas una idea extraordinaria proponte un título antes de intentar nada. El Título es la manera mas eficiente para empezar de cero, sea que estés empezando o que ya estés en un flujo productivo parecido a una máquina moledora que te obliga a entregar guiones cada semana. No le dediques más de cinco minutos: a final de cuentas en sólo un <u>título de trabajo</u>. Para efectos de referencia, voy a usar un proyecto en el que estuve involucrado hace un par de años que terminó frustrándose por razones de producción. Menciono esto porque en algún momento haré una alusión a la importancia de conocer la implicaciones de producción que el escritor debería conocer cuando se plantea una escena. El Método fue usado a pies juntillas en aquel proyecto, lo que lo convierte en una ejemplar muestra. Lo utilizaré también para mostrar los mecanismos del pensamiento que terminan por dar forma a una propuesta de este carácter.

En esas fechas, había visto una versión reconstruida del "El padrino", la versión cinematográfica de Coppola de la obra de Mario Puzo con sus dos formidables secuelas que había disfrutado antes y que volví a saborear como un buen vino que habías olvidado. Cuando me llamaron para escribir una telenovela pensé en ese relato sabiendo que podría serme útil de una específica manera que explicaré más adelante. Así que sin proponerme siquiera una idea pensé en un Título.

Recuerda: se trata de un <u>título de trabajo</u>. No te detengas demasiado en esto. Escribe cualquier texto antes de cinco minutos.

Mi título
Gente como nosotros
Tu título

Establece un Tema. Lo siento, esta es otra detención importante. Es más, es uno de los hallazgos más importantes del Método.

El Tema no es lo que acontece. No es lo que el personaje hizo para ganarse un boleto que le permitiera viajar en la inauguración de un gran barco hasta que un infortunado bloque de hielo provoque su hundimiento y la muerte de aquel: Lo que sueles ver en una película, lo que es relatado en una novela, lo que acontece en el proscenio de un teatro, eso es el Asunto.

E l Tema es la sustancia ideológica del Relato. Es lo que le otorga unidad. El tema tiene tres principios:

1. Es un valor universal,
2. Este valor tiene una restricción: un artículo
3. Este valor tiene un opuesto.

Un valor universal es un concepto de carácter cultural general asociado a la conducta humana (por ejemplo: Amor). Es un valor universal porque es entendido mayoritariamente de la misma manera, al menos en los marcos de una cultura específica. El valor "Amor" puede entenderse casi en cualquier lugar de la civilización que se cite. Aún se entendería en cualquier época aunque no necesariamente de la misma manera. Para unos el amor expresa un tipo de relación afectiva entre dos individuos, para otros es el vínculo con un ser superior o una actitud de respeto universal hacia el prójimo, etc. La manera en que veo el "Amor" establecerá un punto de vista del discurso dramático. Si mi personaje refleja mi visión de un afecto no sexual hacia el prójimo probablemente nunca se enamore de una persona en un sentido pasional. Por eso el Tema establece la perspectiva ideológica del relato dramático.

Ahora bien, un valor en sí mismo no es un Tema. Es necesario restringirlo con un artículo. El Tema nunca lleva apellidos al estilo de "El amor de dos chicos de un orfanato..." Siempre es un sólo término: un valor, que irá precedido por un artículo ("El amor") y , correlativamente, un opuesto (por ejemplo: "El odio".) Esto es un principio y por lo tanto es irreductible. El Tema es el eje de la estructura dramática. No importa cuantas veces te vayas por líneas argumentales subsidiarias, no importa que tanto te alejes de tu relato principal, siempre tendrás esa línea axial a la que regresarás en algún momento para que adquiera sentido todo lo demás.

Mi tema
El amor (el odio)
Tu tema

La Idea. Ahora sí. escribe tu Idea en una sola oración, en una sola oración. Este es un gran ejercicio. La Idea debe contener al personaje principal, al conflicto principal y al Suceso Principal en una única oración. Se expresa en la fórmula:

A1 es el personaje de Fuerza Activa de la Triada Principal. Esto, realmente, es el núcleo del Método de Personaje por lo que le dedicaré un apartado más adelante. De momento le llamaremos solamente **personaje principal**. Para la Idea, también bastará establecer un personaje genérico: un niño, una mujer, un escarabajo, una flor...

El personaje A1 es el portador del Tema. Por eso, comprender lo que el tema es, se convierte, por mucho, en un asunto crítico siquiera para arrancar a escribir. Así de importante es.

El signo de interrogación (?) explica sucintamente lo que el **personaje principal** hace para lograr su objetivo dramático (SP). Al mismo tiempo debe expresar el <u>conflicto</u> que hará que este personaje se mueva en una dirección específica a fin de resolverlo. Como veremos más adelante, el conflicto se construye gracias a la intervención de tres fuerzas. Sin embargo, para el planteamiento de la Idea, bastará con la presentación del conflicto con un sólo personaje. Cuando el personaje hace algo es porque TIENE QUE HACERLO porque se encuentra en una SITUACIÓN LIMITE. Hay que establecer una situación en la que el personaje esté obligado a hacer algo.

La Idea expresa también el Suceso Principal (SP) que es el acontecimiento más importante del relato. El SP se encuentra al final del relato y lo justifica. Dentro del SP se encuentra el Clímax, pero no es el Clímax. Mientras que el Clímax es la punta misma de la montaña, el SP el camino empinado que conduce al Clima; es el último y más elevado tramo de la montaña. La Idea trae implícita la fuerza que moverá toda la acción dramática. Esta es una Fuerza Activa. Esta Fuerza Activa es el personaje con el que se construye el relato.

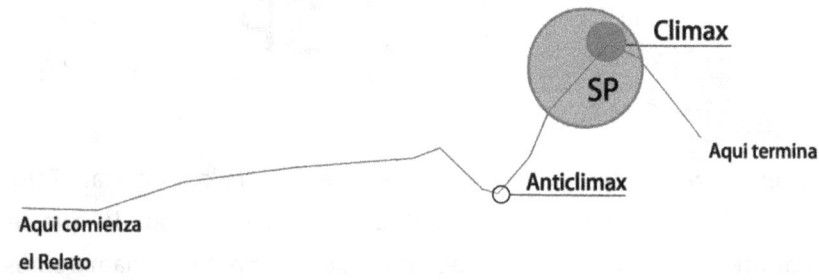

El SP es el momento de mayor intensidad dramática, donde todas las fuerzas del conflicto se desatan hasta resolverse en un Clímax.

NOTA: No temas poner desde ahora como se va a resolver tu relato. Todo lo que plantea este Método son herramientas de trabajo y la Idea, desde esta perspectiva, como la Sinopsis, nunca deben ser vista como mecanismos de mercadotécnica. Aquí se trata de facilitarle el trabajo al escritor. Nunca empezarás a escribir sin tener resuelto el SP.

Recuerda: en una oración.

Mi idea
Una chica se enamora del hijo del hombre más influyente del pueblo ante el que tendrá que defender su amor hasta obligarlo a aceptarla en su familia
Tu idea

La Idea hace un planteamiento genérico del personaje, su conflicto y la resolución de las disyuntivas que aquel plantea ("Un hombre encuentra un mapa donde está marcada su propia tumba lo cual lo conducirá a guerras de conquistas de un reino vecino donde eventualmente morirá"; "Una hoja arrastrada por el viento queda atrapada por una red de una malvada araña contra la que luchará hasta liberarse"; "Un niño ha perdido accidentalmente su sobrero en el pozo de los deseos gracias a lo cual recompondrá la difícil relación que tenía con su papá"; etc.) Cuando hayas logrado una buena oración que exprese el contenido de tu relato, entonces podrás desarrollarlo en un párrafo. Ese es el siguiente paso: la Sinopsis. Sin embargo, antes debes hacer un planteamiento básico de tus personajes principales que son tres.

Los personajes. Un planteamiento preliminar establecerá tres personajes en lo que he dado en llamar Triada Principal de personajes. En un triangulo se coloca en primer lugar al personaje que llevará adelante el Relato. Ese es siempre un personaje de Fuerza Activa. Todo esto tendrá explicaciones a continuación pero es importante que coloques los nombres en la dirección de las manecillas del reloj en el triangulo: personaje de Fuerza Activa, personaje de Fuerza Pasiva y, finalmente, un personaje de **Fuerza Neutra**. Siempre en ese orden. Es importante que dejes la creatividad para otras acciones y no intentes modificar la metodología.

La Fuerza Activa es la que construye el Relato y lo justifica. Pero necesita de una Fuerza Pasiva que se convierta en un obstáculo permanente en la consecución de los objetivos del personaje de Fuerza Activa. Por el principio fractal de la equivalencia de fuerzas, es necesaria una tercera que resuelva el conflicto. Esta es la Fuerza Neutra. En los términos de los personajes, establecerá un personaje que hará algunas acciones para conseguir un objetivo, un personaje que se le oponga sutil o firmemente y un tercer personaje que tenga la capacidad de asistir a uno de los dos personajes anteriores haciendo que el relato tome uno u otro rumbo.

Hay varias características de comportamiento asociadas a cada tipo de fuerza que veremos más adelante.

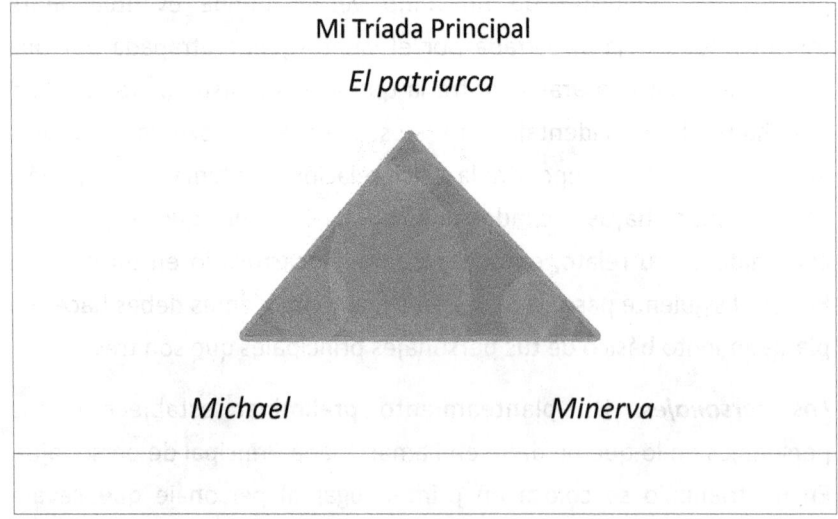

Tu Tríada Principal
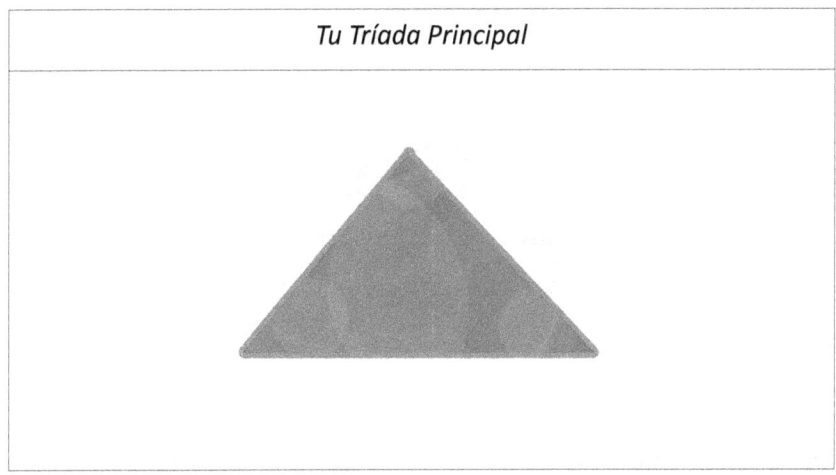

Sinopsis. Ya es el momento de darle nombre a los personajes. La Sinopsis es la Idea llevada hasta sus últimas consecuencias, es decir, el Relato llevado hasta el SP. Empezar a desarrollar un relato conociendo el final abre una suerte de túnel que impedirá que te termines extraviando en relatos secundarios. Una sinopsis se cuenta en UN PÁRRAFO.

Mi sinopsis
Minerva, una de las muchachas más atractivas de un pueblo costero de Costa Rica se enamora de Michael, el benjamín de la familia más influyente del pueblo que recién ha llegado del extranjero. Este amor es correspondido inmediatamente por el muchacho pero no es bien visto por el Patriarca de la familia, el papá de Michael, usará argucias para impedir ese amor. Minerva, por su parte, sufrirá los desplantes, pero los superará para defender su amor hasta obligar al Patriarca a aceptarla en su familia.

Tu sinopsis

Personajes. Entonces, antes de comenzar con el Argumento, debes dedicar un tiempo a pensar en tus personajes. Esto debería ser un curso completo, así que, por el momento, debes saber que mientras mas trabajes en tus personajes, mayores recursos tendrás cuando llegue el momento de comenzar a escribir. Es importante que elabores biografías amplias y ricas: ojalá seas un buen observador. Esto por sí solo justifica al Método de Personaje así que estoy obligado a dedicarle un espacio aparte. Como referencia puedes chequear el <u>Anexo No. 1</u>. En la practica, cuando estés trabajando profesionalmente, se vuelve difícil desarrollar personajes con tal profundidad, pero te dará una idea. En todo caso planteate una visión preliminar de tus personajes empezando por su apariencia, carácter y algunos elementos de sus relaciones con los otros personajes de la Triada Principal. Estos serán apenas unos apuntes de tus personajes como insumos para el desarrollo del Argumento.

Haz esto ahora: no sigas avanzando sin ir resolviendo paso tras paso lo que te propongo aquí.

Mis personajes de la Triada Principal

Fuerza Activa. Minerva. 23. Trigueña de ojos de un verde turquesa. Espléndido cuerpo de un bronceado natural. Tiene un carácter agreste que genera un bello contrapunto con su esplendida imagen. Sabiendo el efecto que provoca ha sacado provecho en la manera en que aborda las personas que se sorprenden de manera grata al encontrar una chica de carácter fuerte con una apariencia de extraña fragilidad. Con esa fachada, efectivamente, enmascara una profunda inseguridad que proviene de una época accidentada en la que, por razones que desconoce, la madre tuvo que ir de un lugar a otro provocando el desarrollo de un mecanismo de insolencia e inseguridad que solía ser reprendido par aquella con castigos seguidos de recompensas con las que intentaba redimir la culpa que sentía. Es improbable que haya tenido relaciones con ningún hombre.

Fuerza Pasiva. Michael. 25. Apuesto. Inteligente a prueba de fuego. Es el benjamín de la familia, el cuarto de los hermanos, y por eso el Patriarca ha querido protegerlo de las posibles consecuencia de sus actividades ilícitas enviándolo a los Estados Unidos a estudiar en donde lleva dos tercios de su vida. Ha regresado a país recientemente y tiene una visión diferente de las previsiones que el padre le tiene reservada. Por sobre todo esto, guarda un profundo respeto por aquél y el deseo de complacerlo aún por sobre sus sueños y ambiciones.

Fuerza Neutra: El patriarca. 65. Canoso. Bien parecido. Es de una alta inteligencia que usa productivamente en los negocios. Proviene de Mantua, una región de Italia que perdió su carácter provinciano bastante después que él la abandonara con destino a Costa Rica. Es el tercero de cuatro hermano y el único que abandonó su tierra natal en busca de nuevas oportunidades aunque la última motivación fue despegarse de un hermano impositivo que había tomado el papel de padre. Llegó con unos pocos dolares en la bolsa y habían pasado *largos años antes de conocer al padre de su actual esposa con quien fundó una sociedad. Se involucró en una tórrida relación con la hija de aquel, quince años más joven, lo cual provocó el rompimiento de la sociedad. Con ella ha fundado una familia y su imperio en ese apartado pero visitado lugar del país. Tiene un negocio prospero que en la practica es una tapadera de algo más turbio: hace muy poco tiempo supo que habían familias de la zona de donde proviene necesitando limpiar dinero mal habido. La relación de Michael con Minerva no le conviene.*

Tus personajes de la Triada Principal
Fuerza Activa.
Fuerza Pasiva.
Fuerza Neutra.

Argumento. Debe tener un mínimo de UNA CUARTILLA, lo cual quiere decir que mientras más amplio sea mucho más trabajo adelantarás. He escrito argumentos tan largos que ha bastado luego agregar los diálogos para tener un guión completo. Aquí los personajes serán desplegados en sus pormenores. El argumento tiene el lenguaje de un cuento infantil. Narra con simplicidad el Relato para facilitar su transliteración en imágenes cuando llegue el momento de llevarlo al lenguaje del guión.

Pensar en imágenes. Esto es una acotación específicamente para el guión multimedia. No importa si haces una referencia histórica del personaje al estilo de "Un profesor de química con problemas económicos es notificado que tiene un cáncer de pulmón que no puede ser operado...", siempre tendrás que convertir eso imágenes. La abstracción "problemas económicos", se convertirán en imágenes de un hombre que no logra trasmitir su entusiasmo por la química a estudiantes de colegio y que luego hallamos limpiado las llantas del carro del adolescente que estaba más interesado en la compañera voluptuosa del aula que en la información que el maestro intentaba transmitirle. Necesitas las imágenes para expresar el Tema. Eso debes tenerlo permanentemente en cuenta. Cuando propones en un argumento que el personaje esa mañana se levantó tarde, tienes que saber como eso se convierte en un reloj de mesa de números rojos y un chico que dice una palabrota mientras se viste a toda prisa.

También aplica para la literatura en una forma peculiar de imagen que la literatura misma ha desarrollado y que le otorga elegancia y estilo al texto. Esa es la **imagen literaria**. Este es un conocimiento arduo porque la **imagen literaria** dista mucho de ser una descripción de un objeto. Diría que es la construcción del objeto desde una perspectiva emocional.

Claro que para la literatura el Argumento propiamente dicho, es innecesario. Tanto el cuento como la novela tienen carácter argumental. Por lo tanto, cuando hablamos de Argumento, nos referimos estrictamente al Relato que se desarrolla en virtud de un guión.

Escribir un libro o un guión es una intención. Aún más: es la voluntad de decir algo, de expresar ese algo en un mundo inclusivo. Esto conlleva el modo en que se va a hacer: ¡El estilo es el texto! Qué digo, cómo lo digo, son dos aspectos de esta única voluntad con la cual vas a poner ideas en el mundo. De manera que establecer un modo de actividad, un método de trabajo, establece la diferencia entre empezar y divagar o comenzar y terminar.

Te lo recuerdo: Título, Tema, Idea, Sinopsis, desarrollo de personajes y Argumento, en ese orden. Es un método restrictivo, sí. Apenas lo que necesita una mente inquieta y poco disciplinada como suele ser la del artista. Escribir libro… ¡je, je!, no es precisamente un paseo, pues sin molienda no hay pan.

Los principios por el principio

He querido arrancar con tareas que te pusieran a trabajar de una vez. Por eso he apresurado algunas explicaciones de manera preliminar. Mientras vas dandole forma a los primeros esbozos, voy a formalizar el discurso del método. Establezcamos entonces, las bases que hacen estable, coherente y consistente al Método de Personaje.

Principio fractal (estructural):

- La relación de personaje es resultado de una <u>triada</u> de fuerzas
- Son tres los tipos de fuerzas: Activa, Pasiva y Neutra
- Las Activa y Pasiva son fuerzas equivalentes

Una cosa es redactar los principios a fin de que tengan una orientación metodológica y otra es explicarlos de manera que se capte claramente el sentido de todo esto. Por eso comenzaré mi explicación con el tercero de los principios fractales:

Las activa y pasiva son fuerzas equivalentes. Principio estructural

Si has visto las muy conocidas competencias de halar la soga en la cual un equipo terminará arrastrando a su territorio al otro, podrás obtener una imagen de lo que te propongo a continuación. Para lo que nos importa con dos individuos basta:

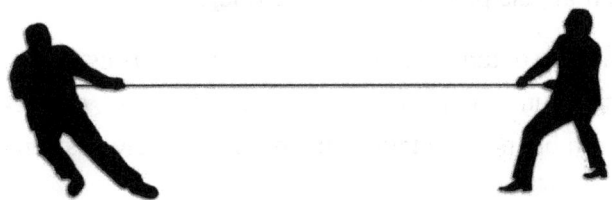

Si estos dos individuos tienen la misma potencia de arrastre ninguno de los dos irá a alguna parte y quedarán estancados en sus zonas de tracción hasta que uno de los dos ceda por cansancio. Se trata de un principio físico básico: cuando dos fuerzas en oposición directa son equivalentes el resultado es igual a cero. Es inimaginable que se produzca Crecimiento Dramático sin que haya progresión en las acciones. De manera que, en términos dramáticos, si dos personajes actúan en oposición con fuerzas equivalente sencillamente se estancaría el Relato por la falta de progresión Dramática. Pero debido al principio estructural de la equivalencia de fuerzas, la Progresión Dramática debe provocarla un elemento externo a estas. Es una perspectiva que se aleja de la visión clásica del conflicto basado en dos personajes –protagonista y antagonista- como fuerzas necesariamente asimétricas. La asimetría a partir de un héroe que con sus acciones ponía a prueba la existencia de una deidad es lo que probablemente generó el concepto teatral del *Deus ex machina* -el Dios de la máquina- que resolvía el conflicto con un simple mandato aleccionador que daba por terminada la obra.

Voy a explicar con más detenimiento las características de las fuerzas más adelante. Sin embargo, encuentro oportuno aclarar que la Fuerza Pasiva de la Triada Principal no es necesariamente el "tipo malo" de la película. No es necesariamente el detractor del personaje A1. De hecho es bastante común que los personajes P1 sean los mejores amigos que siempre se oponen a los planes del personaje A1 o un familiar que cercano que engañaba al personaje A1. Esto es más evidente en las serie televisivas o en las SMD donde los personajes "detractores" son itinerantes, es decir, cambiar en cada episodio y se encuentran en la punta del triangulo principal como personajes N1.

Lo que hay que entender es que si bien las fuerzas están íntimamente asociadas a un comportamiento específico, no convierte a un personaje en bueno, en malo o en feo. Eso lo resolverás como escritor, de otra manera. Para eso abordo el asunto de la sicología de personaje en un capítulo aparte. Lo más importante, ahora, es que entiendas que los personajes en oposición directa A1 y P1, tienen fuerzas equivalentes y, por lo tanto establecen la condición del conflicto pero no lo desarrollan si no con ayuda. De tal suerte, el Conflicto, según el Método de Personaje, termina construyéndose gracias a una tercera fuerza. Siguiendo el orden inverso el segundo principio fractal expresa que:

Son tres los tipos de fuerza : Activa, Pasiva y Neutra. Principio estructural

La propuesta del Método de Personaje se basa en una simetría dinámica en la cual una tercera fuerza, la Fuerza Neutral genera un balance específico en relación con las otras dos fuerza. ¿Qué quiere decir "balance específico"? Volvamos a la imagen de nuestros dos personajes tirando en direcciones opuestas el mismo mecate.

No importa que tan fuertes sean, bastará que un tercer personaje tire del centro de la cuerda para que aquellos se muevan a pesar suyo en otra dirección completamente nueva. El tercer personaje –la Fuerza Neutra- es el verdadero constructor del Conflicto. Esto es una necesidad de pormenorizar -de justificar- la cadena de sucesos con que se construye el Relato y, en ultima instancia, justifica las acciones de los personajes. Aún ese tercer personaje, muy común en muchos textos dramáticos traídos a colación en los estudios dramatúrgicos, suelen ser asumidos como elementos colaterales al conflicto, no como parte del mismo. La concepción de un conflicto tríadico, es decir, compuesto de tres fuerzas dinámicamente equilibradas, no debe verse como una evolución conceptual de la dramaturgia sino como una evolución dramatúrgica en sí misma relacionada, a mi juicio, con el desarrollo de los medios de comunicación.

Estos nos conduce a lo que sería el primer enunciado absoluto entre todos los principios:

La relación de personaje es resultado de una triada de fuerzas.
Principio estructural

El triangulo de fuerzas no es más que una representación de las interdependencias -relaciones- de los personajes. Expresa, por un lado, que es imprescindible entender cada fuerza de acuerdo a las particularidades que las caracterizan (veremos las características de cada fuerza en un capítulo adelante). En segundo lugar, que esas particularidades se infiltran en el personaje y le dan forma. Por último, esas fuerzas -esos personajes- se relacionan entre sí convirtiendo este triangulo relacional de fuerzas en el núcleo del desarrollo dramático.

Hay, por otro lado, una enorme ventaja en el conflicto tríadico. Al expresarse en fuerzas en lugar de usar las categorías clásicas protagonista-antagonista-ayudante, se libera, por mucho, la morfología de los personajes. Al pensar en términos de fuerzas, independientemente de la forma que adquiera finalmente –un niño, un pez, un paraguas, una hoja, un soplo de viento, un objeto rojo- el escritor deberá resolver sus interdependencias con los otros dos personajes de la triada y sucesivamente con el resto de los personajes. Es extraordinariamente sencillo comprender como actuará una bola azul que representa una Fuerza Pasiva ante la provocación de una bola roja que representa una Fuerza Activa una vez que se han entendido como fuerzas equivalentes en oposición que requieren de un tercer elemento para que el enfrentamiento entre ellas tenga alguna movilidad.

Principio funcional:

- La Fuerza Neutra es la que genera Progresión Dramática
- Cada personaje establece relación directa con otros dos personajes
- El personaje es tendencioso (caracterológicamente inamovible)

El Principio Funcional establece la manera en que las fuerzas, por ende los personajes, funcionan en en tres sentidos: 1.- en el sentido de los valores que hacen a una fuerza única en relación con los demás, 2.- en el sentido en que cada fuerza se relaciona unívocamente con otras dos fuerzas y 3.- en el sentido en que estas funciones no pueden ser intercambiadas.

El primer enunciado de este principio expresa:

La Fuerza Neutra es la que genera la progresión Dramática. Principio funcional.

La Fuerza Neutra siempre resulta en el reto más arduo del escritor. La manera más sencilla de entenderla es desde una perspectiva funcional. Eso es lo que dilucida con sus tres expresiones el Principio Funcional. Debes entender cada fuerza como el conjunto de tendencias de tu personaje, es decir, el conjunto de sus características básicas que promueven un funcionamiento específico ante circunstancias que son comunes para todos tus personajes. Eso queda claramente expuesto en el espacio que dedico a la construcción de personajes.

Como he abordado antes, la Fuerza Neutra es el mecanismo de torque del Relato. Aquí me he referido continuamente a la Fuerza Neutra de la Triada Principal (F1) sin aclararlo, pero el hecho es que, independientemente de la triada en la que se encuentre, siempre juega ese rol de incidir en la relación que se establece entre las otras dos fuerzas, la Activa y la Pasiva. En la Triada Principal, su intervención produce desvíos en el Relato. Por supuesto, ese desvío debe producir un incremento en la tensión dramática.

El personaje F1 en sí mismo es un nuevo elemento dramático no solo porque aporta el tercer elemento necesario para la conformación y posible resolución del conflicto sino porque trae consigo sus propias condiciones del relato. Por eso insisto mucho en que hay que desarrollar los personajes tanto como sea posible. Debe entenderse la Biografía del Personaje como un Relato en sí mismo que añadirá sus propias variables al Relato final.

Por ejemplo en Titanic, la película de Cameron no hay tal cosa como una Relato del Titanic. De hecho, el relato del gran barco es completamente irrelevante y no es ni siquiera un buen pretexto para el conflicto planteado. El Titanic se iba a hundir -eso ya lo teníamos más que conocido- así que lo que hace interesante el Relato titulado Titanic es el conflicto que se genera a través de tres personaje: un chico de pobres recursos que se enamora de una chica de origen dudosamente pudiente con un celoso y adinerado pretendiente. Voy a dejar suspendido el comentario para darte una oportunidad de que pienses cual personaje pertenece a cual tipo de fuerza. ¿Cual personaje inicia y conduce el Relato? ¿Cual es el personaje que se le opone directamente? ¿Quien es el tercer personaje que hace que el Relato termine yendo en una dirección que resuelve el conflicto?

Es fácil entender que es infinitamente más dinámico un conflicto generado por tres elementos dramáticos en lugar de dos. Las series televisiva con insistencia recurren a un mínimo de tres personajes para articular sus relatos. Aún cuando sean cinco amigos, el desarrollo argumental principal descansará en sólo tres de estos personajes. Esto no es únicamente aplicable a los personajes: las series, especialmente las series episódicas, cuentan con estructuras tríadicas: Una línea argumental principal y dos líneas argumentales subsidiarias, la tercera especialmente débil.

La tercera fuerza, la Fuerza Neutra, tiene la capacidad de aportar energía, digámoslo en términos físicos, a cualquiera de las otras fuerzas. Esta contribución de la Fuerza Neutra provocará cambios de comportamientos en las otras dos fuerzas. Si la bola amarilla que representa esta fuerza (F1) decide ayudar a la bola azul (P1), esta última podría armarse de valor y enfrentar a la bola roja (A1) de manera que esta brutal pelota sería finalmente humillada. Pero si la bola amarilla (F1) decidiera aliarse a la roja (A1), podría ocurrir que antes el peligro inminente para su existencia, la bola azul (P1) aprenda a driblar ganando espacios a las otras dos bolas llegando a convertirse, aún a pesar suyo, en la nueva jefa del tabloncillo.

Contrario a lo que ocurre con las otras dos, la Fuerza Neutra podría expresarse a través de una imagen compleja como una ciudad, los elementos (físicos o climáticos) o un evento divino. En "Naufrago", la película de Zemeckis interpretada por Tom Hans, el personaje A1, Chuck Noland, tiene un opuesto directo que nunca le responde y que eventualmente es la conciencia de aquel, cuestionando todo lo que hace. Se trata de Wilson (P1) un balón de futbol con rostro humano. Los elementos -condiciones generales en las que se encontrará Noland por los próximos cuatro años según el Relato- sería entonces la Fuerza Neutra que modela y orienta las decisiones de el personaje (A1). Sin embargo, realmente encuentro inconveniente prescindir de una personalización de la Fuerza Neutra -ni que decir de las otras dos fuerzas- porque debilita la estructura dramática hasta el punto en que esta necesite resolverse de manera forzada en los términos de un *Deus ex machina* y, lo que es peor, desoriente al perceptor con grandes posibilidades de aburrirlo. Te tomará algún tiempo, por no decir años, hacer abstracta la Fuerza Neutra como en el caso de Naufrago. Es bastante inusual y en todo caso, muy riesgoso hacer algo así. Mi recomendación que es no lo intentes para empezar, que procures tener bien entendido lo que aquí se expresa.

La disolución de la Fuerza Neutra es del todo impensable en el cine comercial y en la televisión. El perceptor como quien busca culpables en la realidad habitual, necesitará personajes con quien identificarse y a quien juzgar. Aún en un cine de autor si quieres jugar con un personaje abstracto como tercera fuerza deberás crear consistencia con una alternancia de elementos claramente hilados por un mismo concepto (el Tema) para que el Relato mantenga la coherencia que necesita.

Entonces, la función de la tercera fuerza, la Neutra, es la de modificar o por lo menos incidir el comportamiento dramático de las otras dos fuerzas. Ya veremos con el tercer enunciado de este Principio Funcional por qué los personajes sólo modifican su comportamiento dramático. Ahora, el comportamiento dramático es lo que promueve la Progresión Dramática, o lo que es lo mismo, es lo que hace que la tensión aumente.

Los personajes dentro de la triada generan un vinculo específico que es expresado en el segundo enunciado funcional:

Cada personaje genera relación directa con otros dos personajes.
Principio Funcional

Cuando se ve por primera vez el Pórtico de la Lavandera de Gaudí, con sus columnas torcidas que parecen desafiar la gravedad, luego de maravillarse, uno reflexiona en el hecho fundamental de que la arquitectura genera belleza y funcionalidad al mismo tiempo. Las columnatas de Luxor, por ejemplo, vastas por lo antiguo, por lo suntuoso y por lo masivo, a final de cuentas cumplían la sencilla función de soportar un, también, masivo techo. Como las columnas de un gran edificio, los personajes funcionan de acuerdo a la relación que establecen con los otros componentes de la estructura, o sea, los otros personajes. Este enunciado tiene alcances que desbordan la dramaturgia que intento mostrarte aquí. Cuando veas las implicaciones que promueve en un capítulo posterior, entonces realmente el Método habrá alcanzado cotas insospechadas, pero en todo caso, te aclarará el panorama permitiéndote un marco referencial más claro y a tu alcance.

Por lo pronto debes entender que un personaje se relaciona unicamente con otros dos personajes. Pensarás en primera instancia que hay un error en este planteamiento pero esta es la segunda implicación de distribuir a tus personajes en triadas (primera es que le otorgas un tipo de fuerza). Si entiendes que tu personaje A1 se relaciona directamente sólo con P1 y N1 (por eso es una Triada

Principal), las triadas que se conforman alrededor de este triangulo central tendrán carácter de subsidiarias. Esto quiere decir deben entenderse las triadas alrededor como anillos cada vez más amplios en dependencia de la cantidad de personajes que te propongas.

Los personajes alrededor de la Triada Principal ordenados también en triadas y en las mismas condiciones relacionales, se encuentran al servicio de aquella, la primera. Por eso son Triadas Subsidiarias ordenadas como anillos excéntricos alrededor de la principal. En la medida que estén más alejadas del centro, el acceso de sus personajes a la Triada Principal de personajes será más arduo. Mientras más periférico el personaje, más relaciones deberá superar antes de llegar a interactuar con un personaje central. Esta es una de la restricciones del Método que permite generar estrategias del relato.

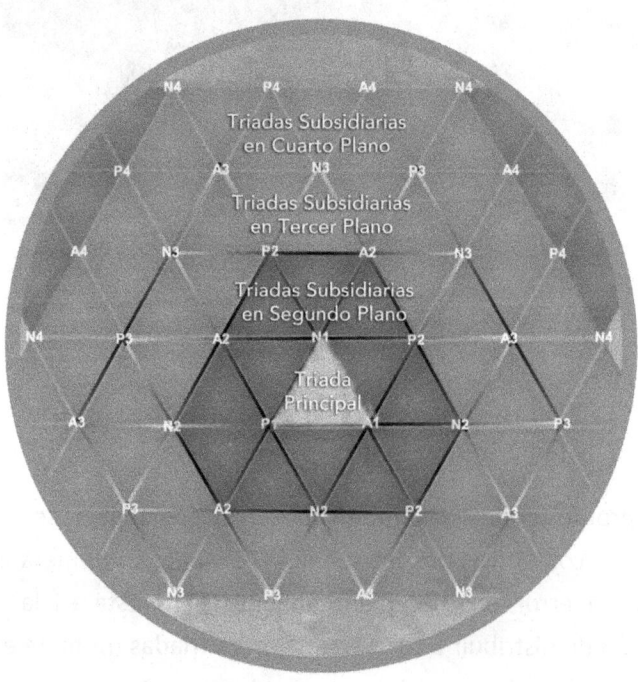

Principio axiológico:

- Las fuerzas no tienen carácter valorativo
- La Fuerza Activa principal es portadora del Tema
- Cada personaje representa un valor

La axiología en el Método de Personaje comienza (y termina) con una paradoja: el escritor nunca escribe desde una perspectiva de juicios de valor. Seré enfático con esto como suelo serlo con mis estudiantes. Nos enseñaron desde pequeños a enjuiciar como si eso tuviera la capacidad real de resolver lo que se conoce como la Condición Humana. El juicio de valor es un verdadero estorbo para construir personajes y un contexto consistentes El escritor no debería brindar un Relato pre-digerido, si no que debería en cualquier caso, ofrecer una información carente de prejuicios como insumos de interpretación para el perceptor. Por eso, el primer enunciado del Principio Axiológico reza:

Las fuerzas no tienen carácter valorativo. Principio axiológico.

Esta es la clave para entender al personaje. No hay tal cosa como personajes buenos y malos. "El bueno" contra "el malo" es el tipo de visión infantil de los relatos de superhéroes que exhiben indiscriminadamente dones especiales. Aunque desees fervientemente que aparezca volando el tipo de calzoncillos azules y capa roja que pueda borrar de un soplo la vileza del mundo, no es algo que conseguirás en la realidad física que conocemos. Un personaje "bueno" es intrínsecamente débil tanto como un personaje"malo". Eso me recuerda la paradoja que representa que una máquina con conciencia de sí misma atente contra la vida de un humano en contra de las Tres Leyes de la Robóticas propuestas por Isaac Asimov. Eso haría intrínsecamente "bueno" al robot. Sin embargo, el planteamiento racionalista de una inteligencia artificial -que carece de la multiplicidad de receptores para los estímulos ambientales como tiene el individuo biológico- puede conllevar al razonamiento para nada descabellado de que el verdadero peligro para la la raza humana es el propio ser humano. En una de las narraciones de Asimov, las máquinas, en su afán de preservar la vida humana, en beneficio de las Tres Leyes, deciden confinar a la inmovilidad a toda la raza humana y eventualmente, eliminar a aquellos que se resistan a ser protegidos de sí mismos. En otro relato, un robot mata a un individuo humano por orden de otro puesto que por un lado no podía negarse a cumplir una orden y por otro no sabía que la orden conduciría a semejante desenlace.

> **Las Tres Leyes de la Robótica por Isaac Asimov**
> *Un robot no hará daño a un ser humano o, por inacción, permitir que un ser humano sufra daño.*
> *Un robot debe obedecer las órdenes dadas por los seres humanos, excepto si estas órdenes entrasen en conflicto con la 1ª Ley.*
> *Un robot debe proteger su propia existencia en la medida en que esta protección no entre en conflicto con la 1ª o la 2ª Ley.*

Los ejemplos que he usado ilustran bastante bien la necesidad de escribir sin una perspectiva axiológica. De manera tal que las fuerzas no son, por sus propias naturalezas buenas o malas. Que sea Activa lo único que significa es que comienza la acción en una dirección dada. Que sea Pasiva significa únicamente que se opondrá con la misma potencia a la Fuerza Activa. Eso no la hace mala o pasiva, solo una fuerza opuesta.

Aquí debo aclarar que las fuerzas plantean ciertos comportamientos para sus personajes. Cuando se vea la lista en un capítulo posterior, debido a este principio y específicamente este enunciado, no debes entender que, por ejemplo, la Fuerza Activa tiene alguna propiedades "malas" como pudiera parecer en una primera instancia. Reflexiona en todo momento como concepto dado, que hemos aprendido a usar como juicio de valor, puede ser interpretado desde una perspectiva no-axiológica.

En una ocasión una estudiante se proponía convertir a Dios en un personaje. Pero Dios es, a final de cuentas, una abstracción del Bien y no pude ser identificado en los términos del comportamiento humano. Convertirlo en personaje traería de regreso el *Deus ex machina*, con el cual se pierde toda la capacidad del escritor para relacionar las conductas de sus personajes puesto que cualquier acción se encontraría de antemano justificada y personada fuera del ámbito del Relato.

Como escritor, todas tus justificaciones estarán en el marco histórico del relato. Esto no es una variable sino una constante. No por nada es tan común ver en grandes elaboraciones como las series televisivas y las telenovelas un sistema de personajes cerrados donde todos de una u otra manera ya estaban relacionados. La necesidad de justificar las acciones de tus personajes en el contexto de tu Relato (ya veremos cómo pueden ser usados relatos externos para constituir una zona adyacente al Relato que se conoce como Historia) es, si me permites ser categórico, el arte de narrar.

Este enunciado establece un principio de funcionamiento general del escritor que busca explicarse el mundo antes que juzgarlo. Es una poderosa herramienta para comprender el comportamiento humano que es, a final de cuentas lo que todo relato expresa aunque se hable de globos con vida propia. Por eso siempre bromeo en clases con que un buen escritor se convierte en una categoría aparte de humanidad. Es una visión que me agrada.

El siguiente enunciado valida en una segunda instancia la necesidad del Tema:

La Fuerza Activa principal es portadora del Tema. Principio axiológico

El personaje A1 es el portador del Tema. Así de simple. Por eso el Tema es un concepto regulador. Igual que orienta la dirección del Relato, también lo hace con el personaje de Fuerza Activa de la Triada Principal que siempre deberá expresarse en los términos del Tema propuesto.

Es importante que entiendas que el Tema es el sustento ideológico del Relato. Es de lo que realmente quieres hablar allí. Por eso tu personaje A1 accionará todos los mecanismos del Relato para conseguir que ese contenido quede expuesto como un Indiana Jones que persigue La Verdad a través de la obtención de ciertos objetos arqueológicos que ponen en duda los artificios culturales. Como un Jack corriendo peligros de muerte para salvar a la mujer que ama en medio de un naufragio.

El personaje A1 es el portador del Tema y entonces el personaje P1 es el portador del opuesto del Tema. Esta es otra de las razones por la cual un Tema no se establece sin un opuesto. Así que mientras que un personaje expresa El Amor, su opuesto directo puede estar expresando El Odio (o tal vez El Egoísmo, si fuera tu perspectiva ideológica). ¿Ya te diste cuenta quien es el personaje P1 de "Titanic"?

Finalmente, el tercer enunciado de este principio establece que:

Cada personaje representa un valor. Principio axiológico

Que cada personaje represente un valor le otorga a este una condición de carácter que afirma sus motivos. Por eso no se restringen a A1 y P1 como portadores del Tema y el opuesto, respectivamente. Los personajes tienen sus motivos y los motivos tiene sus arraigos en el carácter. Cuando se le asocia a un personaje un valor, expresamente se le está orientando hacia un fin o propósito dramático. Este valor no es el Plan del Personaje. Es es: un valor que modela sus acciones.

Después de construido en los términos del Comportamiento Social, las Condiciones del Carácter y la Biografía del Personaje, añadirle un valor establecerá una tendencia general. Sea cual sea la fuerza en la que ha sido descrito, añadir un valor como la Codicia, mantendrá una motivación clara en las acciones del personaje y un indicador permanente en los pensamientos del escritor para justificar las acciones de aquel. Lo que el personaje representa en términos de valores explica lo que el personaje **hace**; nunca lo que el personaje **es** porque eso es lo que se busca con la construcción de este en los párrafos en los que se describen en sus comportamientos habituales y las justificaciones históricas de los mismos (Comportamiento Social, Condiciones del Carácter y Biografía).

Igual que te he pedido que las descripciones de tus personajes no se repitan con las mismas palabras, también te advierto sobre la necesidad de que cada valor que asocies a un personaje sea diferente aunque tengas una friolera de ochenta figuras para una telenovela, en cuyo caso tendrás ochenta valores diferentes.

Apuntes sobre la Secuencia Básica

El Relato, como se ha hecho evidente en los capítulos previos, tiene múltiples necesidades aún antes de ser elaborado. La Secuencia Básica es un artilugio intelectual que está diseñado para que el razonamiento sobre las necesidades del Relato vaya desplegándose con naturalidad. Digo que es un artilugio pero debes entender que cada instrumento de trabajo desarrollado en virtud del Método tuvo su origen en un pensamiento de carácter intuitivo. El Método de Personaje pretende respetar esa dinámica como instrumentación metodológica. A final de cuentas, una buena parte del trabajo artístico es de carácter intuitivo.

La intuición es una zona de síntesis en que las experiencias tanto sensoriales como emocionales, la práctica continua y un método, terminan confluyendo en dinámicas internas que en lugar de razonamientos, producen artefactos artísticos o ideas base. Una vez adoptada una práctica artística específica, la información aflora con relativa suavidad y, lo más importante en el caso de la Escritura Creativa, se organiza generando un conocimiento sobre las vías para construir, desarrollar y resolver un conflicto dramático.

Existe un viejo adagio latino que ilustra muy bien la necesidad de empezar por lo mínimo:

Ad augusta per angusta

Bueno, en realidad el sentido que tiene la frase es que a las alturas se llega por vías estrechas. Esto quiere decir, que alcanzar la gloria siempre supone dificultades y nada se obtiene de manera fácil. Y, aunque cabe tal punto de vista también para lo que te estoy mostrando aquí, me he tomado cierta libertad de interpretación y lo quiero usar en un sentido un tanto diferente: A lo grande desde lo pequeño.

Desde el punto de vista del Método, el camino para alcanzar un Relato que funcione ideológica y dramáticamente empieza un un ejercicio simple. Justo donde comienza TODO el trabajo, comienza también una serie de reflexiones que constituyen una parte importante del cuerpo de conocimiento del Método de Personaje.

El Título. Es infinitamente más productivo tener un Título a mano que una Sinopsis. El Título te proveerá de una cantidad mínima de energía para el arranque. Esto es más físico de lo que supones. La razón por la cual un Título no podría "generar energía" es porque te ha costado un mundo proponerte uno y, luego, ha resultado en una especie de etiqueta de lo que te habías propuesto *a priori* contar. Es muy importante que entiendas lo que te estoy exponiendo ahora mismo. Es inconveniente que llegues con ideas preconcebidas a hacer un planteamiento del Título. Si empiezas a proponértelo a partir de la idea de una chica que se va a enamorar de su captor, terminarás con algo al estilo de "Síndrome de Estocolmo" en lugar de una propuesta sugestiva como "Las mariposas no cambian con el viento". Estoy de acuerdo: Omne initium difficile est. Siempre lo más difícil es empezar.

No importa lo rápido o automático que resulte, la acción de nombrar con un título exigirá de ti un poco de atención sobre lo que tiene interés en relatar. En todo caso deberás asumir que este primer ejercicio producirá un título de trabajo -aunque cuando se destina un poco de esfuerzo redundará frecuentemente en algo permanente, acaso como señal de que ha trabajado seriamente en ello. Si bien no le contará nada a terceros (de hecho no deberá adelantar el relato a menos que estés mercado de la telenovela o quieras desarrollar una de esas llamadas "novelas empresariales"), para ti fungirá como la máxima codificación del relato mismo.

Creo que queda tácita la enorme importancia que le concedo al Título; sin embargo este no puede convertirse en un estorbo justamente en el arranque. Para este caso echarás mano de un recurso que gravitará desde ahora sobre todas tus acciones: la astucia. Una y otra vez la tendrás presente. La astucia aquí se revelará en la necesidad de salir de la ensenada y hacerlo con las velas desplegadas. Saldrás a cómo dé lugar. Nunca a costa del Título mismo, porque lo necesitas: sí, lo necesitas.

Cuando estés sintiendo que has dedicado demasiado esfuerzo a este, vuelve un momento sobre tus pasos: Un ejercicio dentro de este ejercicio es reconocer la motivación. ¿Por qué quieres contar este relato en especial? Esta no es un pregunta sobre tu obra maestra. Es una pregunta básica aunque se trate de una obra por encargo. De hecho es la pregunta cuando vas a elaborar un Titulo. La motivación realmente provee energía. A eso me refería. Lo que resulte en un buen Título para ti, producirá un entusiasmo permanente en el trabajo que tienes a continuación.

¿Cuál es tu motivación? Pregúntate por qué estás interesado en escribir esto. Como te he dicho antes, la motivación es parte de la tarea. Por eso, no me refiero a ese tipo de interés relacionado con el aspecto práctico de una profesión (gloria, fortuna, esas cosas). ¿Por qué quieres contar <u>esta</u> historia? ¿Para quién? ¿Qué es lo que tiene de interesante? ¿Hay un sentimiento relacionado que puedas definir? Define ese sentimiento. Acoge un par de palabras y construye un título de emergencia. Échate a la mar con eso.

Un título tiene, es decir, tú le otorgarás, varias propiedades:

Propiedad poética. La propiedad poética supone una divergencia textual que separa el nombre de una narración literaria o cinematográfica del título de un libro pedagógico. "Qué es el método de personaje" anuncia de una vez el contenido abordado, como sería –

por ejemplo- "Guionismo basado en el desarrollo de relaciones de personajes" o "Las relaciones de personajes como punto de partida para la construcción de guiones atractivos". Estos son títulos en donde la propiedad poética ha cedido ante la inmediatez.

La poética hace que el Título sea connotativo, es decir, que se cargará con tus personales referencias culturales diversificándolo en significados y, de paso, enriqueciendo la interpretación de la obra.

Sean o no ciertos los atavismos, por estos días la capacidad de volar no la obtenemos si no es gracias a apéndices mecánicos. Para el escritor -cuyo cielo es la palabra- los complementos imprescindibles son la lectura y el disfrute visual y auditivo de obras que le aporten conocimiento y valor nuevos. No se trata de parecer culto, sino de serlo. Culto, cultura y cultivo tienen la misma raíz latina. Más que un recurso exhibicionista, este es un tipo de conocimiento práctico que te servirá, con mucho, en su labor como escritor.

No necesito afirmarme en ti. Esta es una buena razón por la cual mi lenguaje no tiene la pretensión ser culto. Conozco tipos al lado de los cuales soy una verdadera hormiga del conocimiento. No escribo de una manera más o menos culta sino para que aprecies cómo hago uso de las referencias que he conseguido, cómo redundan en textos eficaces desde la perspectiva de la comunicación. Escribo de manera que alcances a ver, no la importancia de las referencias ya que tu no las conoces, sino como las reorganizo para expresarme.

Esto, una vez más, es un llamado a ampliar tus marcos *referenciales*: Mejorarás tu capacidad de titular en tanto mejores tus referencias.

Propiedad sugestiva. La propiedad sugestiva está propuesta aquí como el mecanismo intermedio entre la propiedad poética y la propiedad de inmediatez. Es un modo de decir que el contenido del texto que se apreciará a continuación (lo que verás en pantalla o lo que leerás) se expresará en al menos uno de sus componentes discursivos. Esto ocurrirá siempre de una manera codificada. De lo contrario acabarás escribiendo un encabezado de noticia o, en el mejor de los casos, un nombre de telenovela.

Este punto medio entre la poética y la inmediatez supone la colocación de algún elemento referencial del relato. Atención, que no me refiero a ningún elemento argumental. No necesariamente. Veremos a continuación como el Tema prefigura un camino que igual que una corriente subterránea, orienta el flujo dramático hacia el destino que hemos previsto. La enunciación temprana de un Tema permite, entre otras cosas, definir la motivación que está promoviendo el relato que estás a punto de comenzar.

El mundo de las motivaciones es infortunadamente complejo porque es el resultado de una serie de enmascaramientos de la personalidad. En él confluyen muchos deseos y ambiciones mayoritariamente ajenos. Por eso las preguntas formuladas arriba te ayudarán a elucidar un poco este asunto.

Es oportuno que el título sugiera algo dirigido al contenido -dirigido al Argumento- o a la ideología básica -el Tema- de tu relato. "La isla del poniente" está sugiriendo que mi relato girará eventualmente en torno a una isla. Digo "eventualmente" porque es un título que podría asignarse a una historia completamente diferente, por ejemplo, a una niña esclavizada que ha construido un mundo imaginario donde refugiarse.

"La isla del poniente" también sugiere de manera muy codificada, que mi relato girará en torno a los sistemas cerrados o en torno a un sistema cerrado. Esto lo sé yo: es mi patrimonio y estará reservado sólo para mí mientras no te de la oportunidad de desentrañar en forma de sucesos y situaciones esta ideología personal.

Propiedad de inmediatez. La propiedad de inmediatez está relacionada con la posibilidad de generar una rápida simpatía con el público como si se tratara de un regalo ofrecido en caja transparente. En este caso el

Título es denotativo, es decir, refiere directamente el contenido de la obra.

Que el título sea inmediato o poético no lo hace "bueno" como no lo hace "malo". Eso está estrictamente relacionado con la función que tenga la obra dada y con el medio de comunicación al que está destinada. En última instancia está relacionado con el público. No es el mismo para una novela literaria que para una novela televisiva. Aún es diferente entre una novela literaria masiva y una de autor (a una le llaman *"bestseller"*, a la otra *"longseller"*: una es millonaria, la otra es superviviente).

Una telenovela, debido al público de amas de casa al que históricamente ha estado dirigida, tiene poco margen expresivo (aunque solo un poco de propiedad poética no le vendría mal). Nada de que escandalizarse. He visto muy buenas telenovelas con títulos inmediatos. La telenovela brasileña ha sido, por muchos años, el epítome de la televisión dramática y no ha reparado mientes en adoptar tranquilamente esta modalidad.

Lo mismo ocurre con este libro: estoy interesado en dejar en claro a qué vamos. Por eso el juego metafórico se convertiría en un inconveniente. Este libro tiene carácter pedagógico por lo cual hago con el título una referencia directa sin mayores mediaciones. Sin demasiadas mediaciones se educe en sencilla y eficacia

Estos dos títulos, que pongo a continuación, no funcionan de la misma manera:

"El método de personaje"

Este hace referencia a un método presuntamente conocido. Está planteado de modo que quede en claro que es una referencia bien establecida. Después de semejante título sólo faltaría un nombre de un autor ampliamente conocido. Sabemos que no es el caso. Así que este autor, que hasta ahora estás conociendo, optaría por una salida menos ampulosa y con un par de palabras inclina la cabeza como un peregrino. La sutileza es el arte.

"Qué es el método de personaje"

En todo caso, mi recomendación es que al Título sean aplicadas las tres propiedades —la poética, la sugestiva y la de inmediatez- para que el resultado tenga esa riqueza que según el taoísmo debe tener la comida: que alimente, que sepa agradable y que sea admirablemente presentada. Esto no quiere decir que se haga necesariamente de forma equilibrada. Bien sea en sí mismo, bien sea en su relación con el Relato, el Título ha de provocar un pequeño pero inusitado golpe intelectual. Un buen Título añadirá valor a la obra, no sólo desde el punto de vista comercial, sino también desde una perspectiva discursiva. Es tan importante esto que cada vez más frecuentemente hallarás a partir de ahora como las obras se completan en su nombre (como ocurre con las personas). Esto último es aplicable exclusivamente al Título en el idioma original de la obra dada.

Voy a ilustrarlo con un ejemplo. Usaré un poema porque es una estructura textual pequeña y versátil. Lee los poemas en voz alta para que el pensamiento analítico le ceda paso al pensamiento sintético. Ahora invertiré el orden de presentación de las propiedades antes expuestas. Comenzaré con la de inmediatez:

De cómo duele el corazón

De los signos queda
De antes del te quiero
De los pastos lila
De los potros
De la serpiente
De la fuga
Una punzada física
Una alerta
Una vez más
          inadaptado

Es sólo un ejemplo: no le prestes demasiada atención a la estructura del poema. Me interesa resaltar el valor de un Título para completar o complementar un relato. ¿El título te sugirió un poema cursi? Esa era la idea. Me he basado en un poema de un adolescente que sufre con cierta frecuencia de una punzada aguda en el pecho y que cree que es el corazón. De hecho, cuando es reiterada, la percepción de dolor en esa zona proviene con mayor probabilidad de los sensores musculares del área que del propio corazón. Ahora bien, lo que el poema intenta expresar es justamente como estas punzadas son el signo de la incapacidad de este adolescente para adaptarse a un entorno más o menos difícil (la adolescencia puede definirse como la percepción que tiene un individuo de sus carencias).

El Título refiere exactamente de lo que trata el poema (una punzada en la zona donde se ubica el corazón) y de su posible causa (la incapacidad de adaptarse que redunda en ofuscación). Está más cerca de un análisis clínico de una afección que de un aborrecible poema de amor. Lo de los potros y las serpientes es por la diversión más que por la polisemia.

Veamos que percepción produciría el mismo texto con un título con propiedad sugestiva:

De donde el desamor

De los signos queda

De antes del te quiero

De los pastos lila

De los potros

De la serpiente

De la fuga

Una punzada física

Una alerta

Una vez más

        inadaptado

Y acabo de convertirlo en un aborrecible poema de amor, ¿o no? Ahora el "te quiero", el lila, los potros y aún más la serpiente adquieren nuevas connotaciones que aportas tú de acuerdo a tus orígenes ideológicos y de acuerdo tu manía de juzgarlo todo. Para mí la serpiente puede tener un valor completamente diferente: el año de nacimiento según el calendario chino. ¿Para ti?

Por último un título con propiedad poética (a ver como sale):

De los niños de la ira

De los signos queda
De antes del te quiero
De los pastos lila
De los potros
De la serpiente
De la fuga
Una punzada física
Una alerta
Una vez más
        inadaptado

Una punzada física, un signo, me hace saber que este mundo no es lo que espero que el mundo sea. Porque el mundo es carente provoca mi ira de adolescente. Por eso pertenezco a ese mundo de niños que viven en la ilusión de que la sociedad puede ser cambiada.

Repito: son sólo ejemplos. No los tomes muy en serio (nada debe ser tomado demasiado en serio: si no hay diversión no hay adaptación). En sentido general los títulos que provienen de pensamientos diversificados y versátiles contienen las tres propiedades en más o menos grados de uso.

El Tema es el tema. El Tema no es lo que acontece en el relato. Lo que acontece es en su forma simplificada la Sinopsis y en su forma desarrollada el Argumento. Aún cuando escribas guiones o novelas literarias tendrás el impulso de contarles a tus allegados la Sinopsis por Tema. Es un hábito del que resulta difícil zafarse. Una de las conductas que habrás de adoptar es la de llamar cada cosa con el nombre que mejor le calza. Eso facilitará hará más fluida tu actividad literaria.

El Tema es un TÍTULO DE UN VALOR ESTABLECIDO UNIVERSALMENTE. Es muy importante que comprendas esto.

El Tema es una suerte de pasadizo secreto del cual sólo tú, como demiurgo, conoces el trazo. El espectador se contentará con saber que existe: "El tema de la película es La amistad" o "El tema del libro es El Dolor". Para ti el Tema es el conducto que canaliza la ideología de tu relato, de hecho tu propia ideología.

Al proponer un Tema no solamente estableces una estructura básica de pensamiento que está asociando a un personaje (al personaje A1), sino que dejas traslucir tus tendencias generales de pensamiento. Tomemos por ejemplo "El Amor" como Tema. Te mostraré un poco más adelante cuales son los criterios que rigen los temas según alcanzo a ver. Uno de ellos es el de la antinomia complementaria:

Satisfacción – Insatisfacción

Paciencia – Impaciencia

Humildad – Soberbia

En el caso de "amor" probablemente propondrías "desamor" u "odio". Esto es lo que quiero mostrarte:

Amor – Egoísmo

En mi caso encuentro que es muy distorsionada la asociación que suele hacerse del concepto "amor" con el concepto "sexualidad". De tal suerte "amor" me resulta más caro si lo entiendo como cooperación, solidaridad y satisfacción (este último concepto en un sentido no-sexual). De manera que "desamor" me resulta un concepto aún más vago de lo que suele ser, para mi, el "amor". Te estoy mostrando una estructura de pensamiento que no coincidirá necesariamente con la tuya.

Los criterios básicos de establecimiento del título son los siguientes:

1. **Antinomia complementaria.** Expresa la necesidad de hallar la contrapartida del valor que has definido en un principio. El valor es siempre binario porque es el resultado de un juicio y un juicio sólo puede establecerse por comparación. Donde no hay comparación –es decir, donde no hay medición- no hay juicio. El valor es la expresión final de la cultura como estructura compleja de adaptación. La cultura es todo lo contrario de la armonía, la simplicidad y el silencio. De manera que cuando hablo de la adaptación estoy hablando necesariamente de la inadaptación. Cuando digo que es la expresión final de la cultura (quiero que absorbas la esencia de esta expresión), estoy diciendo que es el signo –la máxima codificación- de la incapacidad del individuo para relacionarse con el entorno. Esto es, por supuesto, un juicio de valor.

El entorno, por su parte, es una matriz de interpretación que tiene tres componentes: natural, social y psicológico. Este es un concepto muy importante del Método de Personaje: la creación de mundos inclusivos, es decir, la creación de entornos de personajes ricos, coherentes y consistentes.

El tema en su condición binaria genera la condición inicial para que ese mundo que estás creando eclosione.

Te he mencionado el hecho de que el personaje principal (A1) es portador del tema. Por su parte la antinomia del Tema la veo transportada por P1, el personaje directamente opuesto a A1 en la triada principal. Esta es otra buena razón por la cual el título sea una estructura binaria.

N1

P1   A1
Personaje portador de la antinomia   Personaje portador del Tema
i.e. EL Egoísmo   i.e. El Amor

He elaborado una pequeña lista de posibles valores para temas posibles. Es mi personal propuesta. Aunque el valor es el principal componente del tema, ¡todavía no es el tema! No se me desespere. En cada caso estoy tomando una de las partes como referente. "Amor" es el referente de "egoísmo". Pero "egoísmo" podría ser el referente. En otras palabras, tanto el valor referente como el complementario pueden ser tomados como temas (se comprenderá uno asumido en el otro):

Amor	**Egoísmo**
Consistencia	**Inconsistencia**
Conocimiento	**Meditación**
Evolución	**Involución**
Inteligencia	**Arrogancia**
Libertad	**Dependencia**

Paciencia	Impaciencia
Paz	Violencia
Placer	Angustia
Solidaridad	Codicia
Transformación	Veleidad
Tolerancia	Intolerancia

Nota I: Busca el antónimo antes de aventurarte demasiado en conceptos que no establezcan una relación directa de oposición lo suficientemente clara para ti. Si los valores del Tema y su opuesto terminan teniendo semánticas muy alejadas, tendrás dos temas en lugar de uno.

Nota II: De lo anterior se deduce que cada Relato tiene un único Tema. Trabajar un Relato con un segundo Tema, aún siendo más débil que "el principal", producirá una debilidad estructural que hará que el Relato pierda consistencia y eventualmente no alcance un Clímax contundente.

Nota III: El Tema siempre es que el porta el personaje A1. La antinomia es únicamente un mecanismo auxiliar, por lo tanto, NUNCA LO CONSIDERARÁS UN TEMA EN SÍ MISMO. Recuerda: sólo hay UN Tema.

2. **Universalidad.** Expresa la necesidad de hallar un valor instituido por la cultura y depurado por el pensamiento. En todo caso se trata de un valor que ha sido modelado por la actividad humana general. Lo universal asume que valores instituidos funcionan como regulador de sus acciones para el ser humano de manera permanente, en mayor o menor grado, con nuevas o antiguas connotaciones, en el planeta Tierra o en cualquier confín del espacio donde llegare a instalarse. Me ronda la idea de que el valor universal no está necesariamente atado a la cultura sino que es inherente al núcleo biológico del individuo. Como valor en sí mismo, si esto es del todo posible, suele ocultarse bajo decenas de capas (esto es el criterio de consenso que consideraré a

continuación). En sí mismo es, probablemente, un regulador biológico que ha devenido moral. Así, el valor se ha convertido en una suerte de anclaje que me parece más político que individual. Aquí se pone interesante el asunto justo donde termina porque este no es territorio de su búsqueda. Debe haber sido la cultura (la totalidad de modos de actividad) la que ha dado a estos impulsos biológicos de adaptación sus nombres y validación dentro de un organismo bastante más complejo que conocemos como sociedad. Ahí te lo dejo. Declárate en este instante zona de investigación. Mucho de los descubrimientos que conducirán al desarrollo de personajes consistentes los harás en ese enorme país por ser explorado que eres tú.

En todo caso la universalidad del valor la pondrás a prueba en cuanto comience tu papel de dios menor. Te advierto, sí, que es ilusorio pensar que comprender esto te convierte en un reformador. El arte que conocemos hoy se ha construido sobre los mismos valores sobre los que se ha consolidado la cultura de la represión y la autodestrucción. Ese arte está en condiciones de promover la sensualidad y la codicia, no más. Lo siento. Para ti y para mí representa la posibilidad de decir algunas tonterías que no cabrían en un discurso teórico. Autocomplacencia por supuesto y la oportunidad de ganar un poco de dinero. Cinismo y codicia: los valores compelidos por la cultura del oscurantismo.

"Cinismo" o "codicia" no son en sí mismos títulos. Te dije arriba que el tema es un <u>título de valor</u>. "Cinismo" es sólo un adjetivo hasta que le otorgues el carácter de único: "El Cinismo". Ahora es un título. "Codicia" sin artículo es la codicia que se expresa de una forma particular en un tiempo y zona de la cultura particulares. "La Codicia" expresa un comportamiento adaptativo que viene acompañando toda la historia humana escrita. Es un valor instituido.

Mi lista de valores, ahora convertida en Temas sería:

El Amor	(El desamor, el odio, el egoísmo, etc.)
La Consistencia	(La inconsistencia)
El Conocimiento La Razón	(La contemplación, la meditación, etc.)
La Evolución	(La involución, la creación, etc.)
La Libertad La Independencia	(La dependencia, la independencia, etc.)
La Inteligencia La Adaptación	(La estupidez, la arrogancia, etc.)
La Paciencia	(La impaciencia)
La Paz	(La guerra, la violencia, etc)
El Placer	(La angustia, el dolor, etc.)
La solidaridad	(La codicia, el egoísmo, etc.)
La transformación	(La veleidad)
La tolerancia	(La intolerancia)

Puedes ampliarla tanto como te apetezca, pero aquí estoy proponiendo lo que suelen ser los Temas más usuales con mis personales antinomias como referencias de cuanto pueden moverse los opuestos dentro de una visión específica del mundo. Debes ser muy cuidadoso a este respecto porque mis antinomia expresan los valores que, a mi juicio, se oponen o podrían oponerse directamente a estos Temas propuestos. Encierran para mi la necesidad de expresar ciertos contenidos específicos. Debes hallar los tuyos si estos no te satisfacen. En todo caso, siempre es una buena práctica chequear el antónimo antes de hacer este tipo de variaciones.

3. ***Consenso.*** Expresa la necesidad de hallar un concepto único (aunque con estructura binaria) de aceptación irrevocable. Esto está orientado a la interpretación que tendrá la obra por el perceptor. El valor por universal no puede ser arbitrario. Es universal gracias al tamiz cultural general. De tal suerte, se producirá una identificación del perceptor con tu personaje A1 sólo si existe un consenso en relación con Tema que aquel expresa. Por un lado, tiene el de Universalidad, que es un reconocimiento tácito de un valor. Por otro lado, existe todo un abanico de connotaciones que produce variaciones en la interpretación que se tiene de dicho Tema. Y no debes olvidar que tú también estas aportando tu propia variación del Tema. Así que es crítico que el perceptor comprenda cuál es tu versión del Tema. Eso se resuelve en primer lugar con las acciones del personaje A1, también con sus diálogos con otros personajes y por su pensamientos cuando se trata de una novela. (Hago un paréntesis en esto: Un pensamiento en forma de una voz en *off* o un narrador, me parece de los recursos que delatan la incapacidad de un guionista para narrar un buen Relato cinematográfico)

Ahora bien, el Tema no puede ser sometido a restricciones, por lo menos en lo que se refiere al lenguaje dramático. Un título como "El amor en los niños" pareciera querer decir que hay un amor propio de los niños y, por supuesto, un amor propio de los adultos, un amor propio de los homosexuales y así *ad infinitum*. Esto es una falacia. Debes comprender que el Tema es "El Amor" como concepto generalizador sobre el cual se pueden articular historias épicas o mínimas si así lo deseas. El Tema debe estar desprovisto de apellidos. En cuanto a "los niños" pertenecen a la zona del Relato, nunca a la del Tema, a menos que tu interés sea el de un informe científico. Si estás interesado en el amor desde una perspectiva infantil u homosexual deberás asignarle esta responsabilidad a un personaje.

Hallar un tema supone establecer una interesante paradoja. Consiste en el hecho de que en cuanto le asocias a este un nuevo concepto en lugar de ampliarlo lo restringes ideológicamente. Es importante que el Tema sea un lago subterráneo, no una isla en medio de este.

Ideando. La idea es ese colibrí moviéndose de un lugar para otro a velocidades inhumanas. Una instantánea de colibrí es de las proezas más demandantes y al mismo tiempo más satisfactoria. Como para la fotografía más sagaz, la elaboración de una idea requiere de una técnica específica. Yo uso una fórmula simple y eficaz; te la he mostrado antes:

Esto quiere decir que A1 (mi personaje principal) hace (?) algo que conduce a SP, mi suceso principal.

Todavía en este punto, A1 no tiene una imagen definida. Sólo sabes que es tu personaje de Fuerza Activa de la Triada Principal. Así que todo lo que importa es su aspecto genérico: una niña, un corsario, un duende... Es del todo irrelevante que tenga nombre. Puesto que la morfología de los seres vivos determina en buena medida su matriz de comportamiento, a los efectos del planteamiento de la Idea, importa infinitamente más tener entendido qué es antes de quién es. Para mi, constituye una distracción -que no necesitas- pensar aquí en el nombre. Ya habrá tiempo para dedicar esfuerzo en nombrar a tus personajes, lo cual debe ocurrir cuando te plantees la Triada Principal.

Otro aspecto de la mayor importancia es la extensión del la Idea que nunca deberá establecerse en más de una oración. Puede, sí, ser una oración larga, sobre todo considerando que el Suceso Principal debe ir descrito sucintamente en la misma: Un pequeño superará una ardua travesía para destruir un anillo de poder en la Montaña del Destino. Lo que ocurre y como termina. A final de cuenta, repito, son herramientas de trabajo y es realmente útil que tengas la resolución de tu conflicto desde la Idea misma.

¿Por qué en una oración? Si no puedes expresar en términos simples tu Relato, realmente no lo tienes. En una perspectiva inversa, si no puedes contar en una oración un Relato ajeno (por ejemplo, una película que hayas visto), es muy probable que quien lo desarrolló no haya tenido una Idea precisa de lo que quería contar o, tú no has desarrollado la capacidad de síntesis que el arte en general requiere.

Debo decir que el escritor está compuesto de varias sustancias: dos tercios de lectura, el tercio restante se divide en nueve décimas de trabajo concienzudo y una décima parte de este tercio (ciertamente ínfima, pero grávida) es intuición.

La intuición, ni lo dudes, tiene mejores oportunidades en una marco referencial amplio no especializado. Si tu marco referencial está constituido exclusivamente con información cinematográfica le harás un favor al cine dedicándote a la crítica. Puede parecerte que exagero, pero aún con lo que opino de la lectura, no me imagino un novelista cuyo conocimiento literario provenga exclusivamente de la narrativa literaria. Como solía decir uno de eso ratos especímenes humanos con quien tuve la fortuna de topar en la vida:

El que de una sola cosa conoce, ¡ni de esa cosa conoce!

El escritor tiene una visión vasta y unificada del mundo que le rodea. En sobradas ocasiones lo que termina de completar una imagen literaria es un jardín de Monet o una fuga de Bach. El marco referencial es una construcción fractal: cada pieza contiene una porción de todo el conjunto. Cada pieza es una búsqueda específica que el escritor realiza para beneficio de una parte de este conjunto. El conjunto justifica cada pieza. Suelo leer noticias científicas porque me interesa comprender cómo está constituido el mundo. También leo de tecnología porque a final de cuentas es la implementación de la ciencia en la cultura.

Tiene que ver con la necesidad de articular el conocimiento mas fresco en mi propio entendimiento de las cosas porque, a final de cuentas, es lo que cuestionaré con mi literatura. Me gusta la pintura que alardea de la técnica y la música que reta mis sentidos.

El arte, el Gran Arte, es el que se ha sobrepuesto a los vaivenes de los gustos temporales. La plástica conceptual, y el *raeggetón* son salidas cómodas hacia un mercado cada vez menos exigente culturalmente y al mismo tiempo más demandante desde el punto de vista del lucro. Como escritor deberías mantenerte al margen de la masificación de la estupidez. No es cierto que no se pueda vivir espléndidamente con buenos productos culturales. El mercado no está saturado de grandes artistas pero tampoco lo está de los mediocres, aunque en una proporción mayor, de acuerdo.

El éxito financiero, en el mundo que tu y yo compartimos, no tiene nada que ver ni con el buen arte ni con la mediocridad. Tiene que ver con algo asociado a la personalidad, pero ya tendrás ocasión de evaluarlo por ti mismo. Te doy unas pistas en un rato.

Aprender a escribir a partir del Tema. Aún visto como complemento, el valor es un juicio único con dos polos. Por eso es una estructura binaria como lo es la presencia o carencia de luz en veinticuatro horas: eso que llamamos día y eso que llamamos noche. De tal suerte, una vez que te has planteado el Tema, hay un par de personajes que debes empezar a comprender. Una es de Fuerza Activa. Te he dicho, es el portador del Tema. Sí, pero el Tema lo despliega el personaje con sus acciones a lo largo de todo el Relato. Así que es importante entender por qué representa un valor y como este forma parte del comportamiento habitual del personaje. Igual que ocurre en la vida corriente, las decisiones casi siempre tienen como disparador, una condición emocional.

Esto es una muy interesante perspectiva del Tema. Si lo piensas bien, uno también tiene un valor predominante. Me refiero a un valor que modela tus acciones durante un período de tu vida. Así es necesariamente: el valor siempre tiene un contenido cultural. El valor es, aquí, en esta época. Si tomas el valor dado con los contenidos de otra cultura, tu personaje obtiene un matiz que lo diferencia y que, eventualmente, será en sí mismo la condición del conflicto. Mientras escribo esto estoy pensando en una serie para televisión cuyo Relato descansaba en la diferencia cultural entre un policía canadiense y el resto de sus compañeros de la policía de Nueva York. Un miembro de la policía montada de Canada que prefiere resolver casos sin empuñar un arma y que sigue rastros basado en el conocimiento sobre las costumbres de algunos animales salvajes. La consistencia de sus dos personajes A1 y P1 le daban a "Due south" un curioso aire místico.

El otro personaje de la Triada Principal, el de Fuerza Pasiva, que se opone directamente al personaje de Fuerza Activa es, como he mencionado antes, el portador de la antinomia. No es necesariamente el enemigo. Por lo menos no o es de la manera que entendemos a los "buenos" y los "malos". Por eso es importante entender a este personaje como la fuerza que representa. Si P1 es el mejor amigo de Λ1, siempre pondrá en tela de juicio todo lo que haga el representan de la Fuerza Activa, lo cual, eventualmente, los colocará a ambos en Situaciones Límites.

Aún antes de construir Relato, te tomarás tu tiempo para pensar en tus personajes en sus individuales "vidas" hasta que estas lleguen a un punto en que colisionan. Necesitarás entender a tus personajes de acuerdo a la fuerza y el valor que representan. El Tema se convertirá. Entonces, en un sustancia insumo. Mientras tanto, irás pensando en tu tercer personaje, el de Fuerza Neutra.

Otra perspectiva del Tema como técnica de trabajo es tomar un relato que te haya gustado, definir el Tema del mismo y elegir cambiarlo. Luego tomarás a los personajes de referencia y los modificarás en sí mismo y re-contextualizaras el marco de acción de aquellos.

El personaje

La construcción del personaje

Tengo una amiga con una novela que no puede terminar: no logra diferenciar la vida de sus personajes de la de las personas que ha tomado como referencia. Cada tanto un nuevo suceso familiar provoca un nuevo suceso en la novela convirtiéndola a partir de cierto punto en una especie de reality literario. Sin embargo, un personaje, una vez que se le ha construido un entorno social y psicológico, obtiene sus propios derroteros y comienza a actuar con independencia de su creador siempre de acuerdo a una matriz de funcionamiento dictada por la fuerza que representa. Una vez que el personaje ha sido cuidadosamente diseñado sólo basta establecer las condiciones iniciales para que comience a correr el Relato. Esto es un concepto básico que debes asimilar en su mayor alcance si no quieres nadar en círculos.

La vida de un individuo, quienquiera que sea este, puede ser tan aburrida o tan interesante como la tuya. Igual que las líneas y sombras que separan un dibujo de su referente del mundo físico, una persona desaparece detrás del personaje que le ha tomado de referencia. Los personajes adquieren coherencia en la misma medida que los entendemos como un sistema. Como sistema, cada componente de su psicología (por ejemplo: la relación de dependencia con la madre antes de los cuatro años, su mejor amigo durante la escuela, la muerte de un ser querido durante la pubertad, su primera relación sexual en la casa aprovechando la ausencia de sus progenitores...) establecen condiciones para la manera en la que estos actuarán a lo largo de todo el relato. El patrón de comportamiento del personaje lo determinada en primera instancia la fuerza. Esto es una decisión del escritor que actúa como el demiurgo construyendo un mundo a su imagen y semejanza. Esta condición inicial del personaje: la fuerza, una de tres fuerzas que el escritor le asigna.

Repito: Es una decisión. No importa como un individuo del mundo habitual solía comportarse en su entorno cultural. En el entorno literario, el que pertenezca a un tipo de fuerza determinará durante todo el relato su comportamiento: en ese momento ya habrá dejado de ser una persona para convertirse en un personaje. Es muy importante que entiendas esto. Una vez que cae en el ámbito del escritor, un persona transformada en personaje adquiere una nuevo comportamiento, una nueva autonomía. A partir de lo cual, deberá ser ajustado a la condición del Relato y esta condición es el Tema. Como referencia, he colocado al final de este libro un artículo donde barajo las posibilidades dramáticas de personajes con referentes en la historia a partir de un posible cambio de fuerzas (por ejemplo, otorgándole a uno de ellos una fuerza que eventualmente no tuvo en la realidad histórica). El articulo también resultará interesante por la posible consecuencia que tendría el Método de Personaje aplicado a otro tipo de alcance.

Cuando construyas tus personajes echarás mano de las referencias que te proveerán personas que hayas conocido a lo largo de tu vida, hayas vivido mucho o poco. Por eso es mejor estar atento a lo que ocurre a nuestro derredor, con mayor agudeza cuando se trate de la conducta humana porque el mundo puede ser descrito a partir de esto. Ahora, sin ningún lugar a dudas, la mejor referencia para cualquier personaje es uno mismo (una idea inquietante, ¿cierto?). Yo he sido el comodín para la mayoría de los personajes principales que he creado. No es por vanidad sino porque, en principio, uno es el mejor personaje que pueda conocerse.

Antes de construir un personaje debes tener una Idea plasmada (la Idea de la que hemos hablado antes, dicha en una única oración).

Luego, una vez que esa Idea la ampliamos hasta convertirla en una Sinopsis -que no es otra cosa que un resumen del Relato-, emerge por necesidad estructural por lo menos otro personaje que responde a una Fuerza Pasiva.

Existe aún una tercera fuerza, una Fuerza Neutra que intervendrá oportunamente para que estas fuerzas directamente opuestas no se anulen. Esa fuerza actuará sobre una de las otras dos provocando un movimiento (dramático) en otra dirección. Las relaciones de fuerzas (las relaciones de personajes) son el núcleo del Método de Personaje

A partir de la Tríada Principal que es aquella compuesta por los tres personajes principales, se puede construir una estructura todo lo compleja que quieras (por aquello de que te interese escribir series o telenovelas). Volveré sobre esto.

¿Puedes imaginarte a aquel que recibía burlas y empujones en el colegio como un personaje heroico? No está fácil, ¿cierto? Y sin embargo, se le puede construir un buen aparato justificativo. Ese aparato es una biografía, una biografía de personaje: un perfil psicológico, un perfil social, algunos mecanismos del carácter...

Es importante comprender que el carácter tiene tres poderosos componentes fundacionales: las relaciones paternas, las relaciones escolares y, finalmente, las relaciones sociales (incluidas las laborales). Abundaré en esto cuando coteje el tipo de fuerza con las tendencias de la personalidad.

Un personaje bien construido es en sí mismo una formidable fuente de insumos si llegara el fatídico instante en que no se sabe por donde continuar el desarrollo dramático. Por eso es recomendable dedicar un tiempo razonablemente largo para diseñarlo y establecerle condiciones de funcionamiento que le otorguen consistencia y versatilidad.

Ese es el papel que juega la construcción del personaje que no puede reducirse a su b biografía. Aún la biografía es algo mucho mas rico que una simple enumeración cronológica de acontecimientos. Se deben considerar los siguientes aspectos:

1. **Comportamiento social.** Explico el Comportamiento Social como la primera impresión que se tendría del personaje, igual que cuando se conoce a una persona de la cual no tenemos mas referencia que un nombre. Puede ser un único nombre de pila; incluso puede ser un apodo. Eso depende de cuanto vas a necesitarlo más tarde. Un personaje que es nombrado continuamente como "Carlitos" a lo largo de todo el Relato, puede tener un único momento en que la madre en una temporada de trece capítulos diga; "Carlos José Iriarte Solano, no olvides el valor en activos que tiene tu segundo apellido..." Entonces, efectivamente, te hacía falta un personaje con todas sus letras. En mi caso, me encanta el reto de nunca nombrar un personaje y en uno de mis guiones solo aparece un tal Hombre del Sombrero. En general, aunque sea solo como referencia para uno, es muy productivo tener la mayor cantidad posible de datos. Después del nombre, pongo la fuerza a la que pertenece como un recordatorio permanente. Luego la edad, que siempre es importante como referencia sea para la producción o para el propio diseño sicológico del personaje y que yo suelo poner con un número simple. Tal vez las únicas variaciones con relación a lo que suele ocurrir en la práctica corriente de la vida tal como la conocemos. Esa percepción inicial es la que trasmitirás al perceptor en primera instancia. Está compuesta de dos componentes básicos: características físicas y características sicológicas. En el caso de las característica sicológicas se refieren mayoritariamente a su comportamiento visible. Las justificaciones de esto es lo que veremos en el siguiente punto. Por el momento solo es alto o regordete, afable o gruñón, que viste como un dandi o como un hippie, que suele golpear con el pie el piso cuando intenta ser convincente o tiene un tic nervioso... Repito, se trata de la primera impresión que se tendría de tal individuo.

2. ***Condiciones del Carácter.*** Aquí entramos en una de las zonas mas interesantes del Método de Personaje. Es un ámbito de sutilezas donde la observación del comportamiento propio y ajeno adquiere una significación fuera de lo ordinario. Aquí que donde desarrollamos la fuerza, el tipo de fuerza. Aquí es donde le damos justificación a comportamiento del personaje que se encentraba en estado aparencial en el punto anterior. Esta es, muy probablemente, la parte que más disfruto en tanto es la que más sufren mis estudiantes. Las Condiciones del Carácter es la primera ronda de justificaciones (la segunda es propiamente la Biografía del Personaje en el punto que sigue) y también la primordial en el mismo sentido en que lo establece la sicología, sirve para entender al personaje en su funcionamiento básico. Esto me remite necesariamente a la primera premisa del Principio Axiológico del Método. El personaje, desde la perspectiva del escritor ni es "bueno" ni "malo". Como escritor vas a justificar cada acción del personaje. Si a un niño de seis años le pones como condición de vida que asesine a otro individuo, lo hará casi sin pensarlo en un contexto como el de los niños guerreros de Africa. Así que lo que me interesa establecer, cuando desarrollo las Condiciones del Carácter, son las circunstancias en la que mi personaje adquirió un tipo de fuerza antes de los primeros cuatro años de vida. Por ejemplo, si tuvo una enfermedad con peligro para su vida en el primer año, es muy probable que en el contexto de la civilización actual, la madre exagere una conducta protectora que provoque en el personaje la percepción de si mismo de que lo merece todo. Ese debe haber sido el caso de una personalidad como la de Hitler, un chico enfermizo y sobre-protegido que nunca asimiló la frustración de no poderse realizar como artista. Es bastante sencillo implicar este tipo de comportamiento si entendemos la relación del personaje con sus progenitores, especialmente con la madre. Esto aplica para humanos, animales y objetos. A final de cuentas, los relatos siempre son sobre la condición humana. No te sientas en desamparo que aún dedico más espacio a

este asunto en un capitulo posterior. Como quiera que esto es uno de los pilares del Método, no va a quedarse en meros esbozos. Una anotación más: Las Condiciones del Carácter es un instrumento de justificación del funcionamiento básico del personaje y no requiere ser desarrollado en la forma de una cronología. Todo lo que nos interesa en los cuatro primeros años de nuestro personaje son las circunstancias que condicionan una determinada forma de actuar.

3. **Biografía del Personaje.** Con la biografía establecerás, ahora sí, una cronología con la cual entenderás el marco de relaciones de tu personaje con otros. Ya no nos interesa los primeros cuatro años. En la biografía tu personaje ya funciona de acuerdo al planteamiento de las Condiciones del Carácter que has hecho antes. Así que si lo has concebido como un niño consentido, es muy probable que haya conocido a su esposa en el colegio y la haya retenido con él hasta que se casaron cuando tuvo su primera gran venta de un gran invento que le robó a su mejor amigo. Si menciono a su esposa actual y a su mejor amigo, es porque estoy estableciendo relaciones entre personajes del Relato. Para eso nos sirve la Biografía del Personaje. Te permitirá entender la relaciones previas -históricas- que tenía con algunos otros personas antes de que comience el Relato que vas a contar. Esto tiene una implicación por un lado harto interesante y por otro extremadamente importante. Es un fenómeno que, a mi juicio, comenzó a producir la novela, la radionovela y la telenovela (en ese orden) y que ha termina de instituir lo que llamo la Serie para Medios Digitales o SMD que se encuentra dentro de la categoría del video por demanda o VOD por sus siglas en inglés. Las estructuras de los personajes en los relatos de medios son sistemas cerrados. Dicho de otro modo, se trata de un grupo de personajes relativamente pequeños perfectamente relacionados entre ellos no importa si tienen procedencias diferentes. Siempre los personajes tiene alguna suerte de implicación con respecto a uno o varios de los otros personajes. Eso, por supuesto, no lo conoce el perceptor y lo sabrá cuando sea

dramáticamente conveniente. La Biografía del Personaje desarrolla esos nexos.

Existen, adicionalmente, unos extras que pueden enriquecer aún mas al personaje. Al final pongo un ejemplo, eventualmente desarrollado más allá de lo que permite un proceso productivo real, pero ayuda a entender lo que buscamos. Detalles que encuentres conveniente como color, signo zodiacal, objeto, filosofía o prácticas alternativas de vida, etc., son elementos argumentales de los que podrás echar mano en algún momento.

Justificar. Justificar. Justificar. Para un escritor todo es justificación. Todo debe estar justificado. Todo debe estar perfectamente justificado aunque las justificaciones no estén expresamente en el Relato. El escritor lo justifica todo.

Por eso, un buen desarrollo de personaje no sólo lo dota de corporeidad sino que le proporciona al relato una poderosa fuente de energía. Como cuando ves la fotografía de un individuo que se hizo especialmente conocido por sus atrocidades o por sus aportes al bien público. Te estarás preguntando ahora mismo por qué estoy colocando dos tendencias tan dispares en la misma oración. Te sorprendería la respuesta que estaría dispuesto a darte si estuviera conversándolo contigo en este instante, pero quiero dejarlo suspendido: todavía hay mucha tela por donde cortar.

Piénsalo: Ese tipo de la fotografía... ¿Tuvo una infancia difícil?¿Vivió con sus padres hasta los 30? ¿Ha tenido una vida liviana? Comenzar el desarrollo de un personaje desde su infancia te permitirá dibujar una perspectiva de su vida, una vida que como Demiurgo, le estás diseñando. Una psicología estructurada desde la infancia te permitirá establecer ciertos comportamientos correlativos. Por ejemplo, si tu personaje tuvo poca diversión de niño, estarás justificado que intente luego recuperar esa carencia de otros modos. Estoy seguro que habría mucho menos crimen si a los niños no le castraran su necesidad de acariciarse sus zonas nobles.

El carácter se forma antes de los cuatro años. La matriz de comportamiento queda establecida a partir de entonces y los mecanismos que le dieron surgimiento pueden permanecer por muchos años más si al menos uno de los padres permanece cercano o desaparecen abruptamente sustituido por mecanismos sociales que son los que terminan modelando el comportamiento individual una vez que la influencia de la familia termina.

La perspectiva de fuerzas del Método de Personaje está tomada de la observación de las interdependencias humanas básicas. Siempre uso un ejemplo simple de la física que todos conocemos.

Está bien, vamos de a poco. Todo conocimiento necesita de un poco de metabolismo lento. Por eso voy a dedicar un capítulo a continuación para explayarme en los pormenores de los principios del Método. Sólo una nota más antes de pasar a lo que sigue.

Hay un recurso del personaje que permite afinar su mecánica de funcionamiento: el Plan.   El plan del personaje, el Plan, es un mecanismo interno que el escritor establece para darle dirección y consistencia a las acciones de este en un marco dramático determinado, como lo es, por ejemplo, una escena. Se trata de un objetivo que lo orientará de manera implícita. Esto quiere decir que el perceptor NUNCA debe conocer el Plan hasta que sea inevitable. Esta será una inevitabilidad dramática: el Plan es, como todo lo demás, una decisión del escritor.

Aunque lo parezca, el Plan no es una única lógica de actuación del personaje a lo largo del relato sino que se establece escena por escena. Esto quiere decir que el Plan se establece para una sola escena y termina cuando empieza la siguiente. Por supuesto, para la siguiente escena se establece un Plan nuevo para el personaje. Al mismo tiempo, debe considerarse un Objetivo Final para el personaje A1 que termine dando validez, o, en otros términos justifique, la secuencia de acciones a lo largo del Relato. Esto aplica también para los personajes P1 y N1. Viéndolo en retrospectiva, el Relato debe expresar lo inevitable. Esto era lo que el personaje buscaba -que lo haya conseguido es harina de otro costal- y por eso hizo lo que vimos. Un chico buscaba llegar a los Estados Unidos y era lo único que le importaba hasta que tropezó con un amor que terminó hundiéndolo en el gélido océano junto al enorme navío que lo transportaba.

Fuerzas, personajes y personalidad

El que esté abordando esto en este punto ha permitido que te hagas planteamientos generales que luego debas revisar y mejorar. Otro tanto ocurrirá a partir de ahora con tus personajes y necesariamente más allá. Cada uno de tus personajes responden a una de tres fuerzas, como he dicho, Activa, Pasiva o Neutra. Eso genera un mecanismo dinámico de interacciones que nos es extremadamente útil.

Quiero ahora hacer un planteamiento desde una perspectiva sicológica del personaje. La elección de una fuerza para un personaje trae consecuencia importantes.

Hay una triada principal en la cual están nuestros personajes principales. A la luz de lo que está ocurriendo en las Series para Medios Digitales (SMD) o VOD incluso el personaje principal de Fuerza Activa ha dejado de ser imprescindible. Es muy riesgoso y desalentador cuando el personaje que conduce el relato y porta el Tema es aniquilado como suele ocurrir con mucha frecuencia en Game of Thrones. Cuando un personaje sale de la Triada Principal algún otro debe llenar ese vacío inexorablemente. Otro tanto ocurre con las fuerzas complementarias.

El Método de Personaje se ha construido sobre la idea de que son tres, no dos, las fuerzas que articulan dramáticamente el relato. Esto es irreductible y cuando una fuerza como la Neutra no está claramente planteada el Relato no se ordena si no de manera confusa. Esto es una falla estructural. ¿Por qué no menciono aquí la Fuerza Pasiva? Sencillamente no hay manera de contar ni siquiera un mal Relato sin una fuerza opuesta como base del conflicto.

Lo interesante de trabajar con el concepto de fuerzas es que puedes colocar allí lo que se te antoje: una mujer, un globo, el viento o una ciudad. Dicho esto, debo aclarar que las fuerzas deben estar perfectamente identificadas y personalizadas. Una ciudad debe estar representada como un chico urbano que acostumbra ver televisión hasta tarde o un ejército de orcos debe tener un líder más feo, más grande e, infinitamente, más arrogante que el resto, como representación del conjunto. Repito: siempre hay que personalizar a fuerza.

Bien, yo tengo tres personajes:

El patriarca

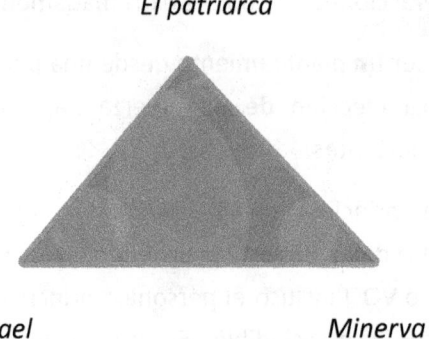

Michael   *Minerva*

Minerva es mi personaje de Fuerza Activa de la Triada Principal (A1). Esta es siempre la decisión más importante en la estructura de personajes. De hecho, es la decisión más importante de cualquier relato. Si no hago mayor énfasis en esto es porque la Secuencia Inicial genera insumos de la mayor importancia y debe siempre preceder a la creación de personajes. Por eso quiero detenerme a hacer algunas consideración sobre las características de esta fuerza y como se relaciona con las tendencias básicas de la personalidad de mi personaje.

La Fuerza Activa delata una primera y fundamental característica: es, bueno, activa. Esa característica funcional es la que hace a un personaje destacar entre otros, especialmente si pertenece a la Triada

Principal. Es inimaginable que un Relato empiece sin ella. Y es impensable en un Relato que no termine con ella. Aunque esto pasa con las otras dos fuerza de la Triada Principal, en el caso de la Activa es crítico.

Ahora imagina a la Fuerza Activa como una bola rodando libremente que se llevará todo a su paso si no encuentra obstáculos en el camino. La bola es la imagen de lo inestable, de manera que solo cambiará de curso si aparece algún elemento en su camino que le impida seguir recto. Siguiendo esta misma lógica, la Fuerza Activa es iniciadora de procesos y una vez iniciado tal proceso seguirá hasta las últimas consecuencias aunque esto suponga su destrucción. Una interesante implicación de la "conducta de la bola" que la necesidad de hallar elementos que le den dirección a su camino o elementos -pensemos en un cubo- a los que pueda empujar para que vayan en la dirección que la bola lleva. Esta dependencia de una bola con un cubo provoca un ajuste en el movimiento de la bola. La "conducta de la bola" es una buena imagen de lo que la Fuerza Activa es.

En términos del funcionamiento del personaje, "la conducta de la bola" (es importante que mantengas esa imagen para lo que voy a explicar a continuación). Ya dije que es el iniciador del relato, pero como personajes tiene algunas tendencias interesantes que deberás tener en cuenta cuando vayas a diseñarlo: tiene tendencia a la actividad excesiva y a la conducta auto-destructiva por el deseo de lograr algo aunque sea a costa de sí mismo. Es un oportunista por excelencia. A menudo suele verse esto con un sesgo; puedo notarlo en mis estudiantes. Pero como he aclarado antes, no existe la perspectiva axiológica en el Método de Personaje. Muchas de las tendencias asociadas al A1 son la forma extrema de un comportamiento. Esto aplica para los personajes de Fuerza Pasiva y Fuerza Neutra. En todo caso, el oportunismo no es otra asunto que el aprovechamiento o la creación de una oportunidad. Este es un rasgo de la Fuerza Activa. También la tenacidad que le permite lograr lo que usualmente no lograría ninguna de las otras dos fuerzas. También suele ser un personaje caprichoso por una curiosa necesidad de imponer criterios. Esto es debido al hecho de que es un personaje de tipo cerebral. Dicho de otro modo, se encuentra permanentemente calculando su próximo paso por lo cual su capacidad de establecer relaciones entre sucesos o procesos diferentes es mu grande. Aso lo vuelve un poco manipulador, vamos, bastante. En fin, es un personaje manipulador, algo que está muy asociado al aprovechamiento o generación de la oportunidad.

Piensa nuevamente en la imagen de la bola y entenderás perfectamente la siguiente tendencia. Es un rasgo desde todo punto de vista interesante, pero es, más que cualquier otro valor, útil. Es importante que razones lo que diré a continuación.

El personaje de Fuerza Activa es esencialmente inseguro. Di que lo esperabas. Uno piensa en cualquier personaje clásico como un superhéroe y es la última idea que nos vendría a la cabeza. Luego pienso que por alguna razón mi superhéroe predilecto es un chico que vive en un cuarto mediocre, que nunca tiene dinero y que le cuesta decidirse con la bella de su vecina. Así que sólo cuando un gran malvado la secuestra la rescatará para obtener, si se puede, un beso como recompensa. Luego mirará la ciudad desde su todopoderosa tela de araña, antes de regresar tímido al cuidado de su amorosa tía.

Un escritor perspicaz hará muy buen uso de este descubrimiento: el personaje, si se quiere, más importante del relato es profundamente inseguro. Eso lo convierte en alguien compulsivo, permanentemente dependiente de otro personaje (aunque sea su propio detractor) y, claro, violento. Recuerda que es un personaje activo, a veces en exceso, así que estará dispuesto violentar un proceso si eso le permite seguir haciendo lo suyo.

Inmediatamente después de pensar en mi A1 pienso cuál será el personaje que estará en la fuerza opositora. Contrario a lo que ocurre con la Activa, a la Fuerza Pasiva la define el hecho de que necesite una fuerza externa para moverse. A eso le llamaremos "la conducta del cubo". Eso no la hace menos interesante: todo lo contrario. Efectivamente, el cubo es pasivo hasta tal punto que si no hay algo que expresamente le obligue a moverse, podría quedarse tranquilamente en un único lugar. Las implicaciones que tiene para el personaje (otra vez, mantén la imagen del cubo en mente) es que por su propia estructura guarda mucha seguridad en sí mismo. Esta, diría, es la diferencia más importante en contra de la inseguridad del personaje de Fuerza Activa. El hecho de que pueda responder a este último de una manera incluso violenta tiene que ver con el mecanismo de la reacción equivalente propio de la física mecánica. Acción-Reacción. Así que, como veremos ejemplificado mas adelante, te puedes encontrar personajes de Fuerza Pasiva realmente violentos. Ya veremos como esto puede justificarse con las Condiciones del Carácter y las relaciones de personajes.

Los personajes de Fuerza Pasiva son constructivos. Si lo ves desde la "conducta del cubo", es fácil imaginarse a este tipo de personaje sirviendo de bloque en el edificio de un propósito ajeno. Constructivo quiere decir que "tiene tendencia a construir". Es lo opuesto a destruir. Como otros muchos conceptos que he asociado al personaje de Fuerza Pasiva, se encuentra en oposición directa con la visión destructiva o auto-destructiva del personaje de Fuerza Activa.

Ya que carece de los imperativos de la otra fuerza, se toma las cosas con calma (siempre que no lo presionen, claro, en cuyo caso muestra una tendencia impulsiva), por lo cual suele mostrarse humilde. La humildad lo vuelve moldeable y hasta manipulable por cualquiera de las otras dos fuerzas. Pero de ninguna manera los convierte en tontos vacíos: por el contrario, son altamente creativos. Esto es, definitivamente, una gran ventaja en relación con las otras fuerzas. La confianza en si mismo, basada en una envidiable salud, le dan un aire despreocupado. El personaje de Fuerza Pasiva es, en efecto, creativo, muy creativo diría, pero perfeccionista, una cualidad que le impide llevar a buen término cualquier idea.

Bajo presión pueden adoptar una falsa "conducta de bola", la cual será siempre breve y exagerada. Esta es una sutileza de este tipo de personajes que explica por ejemplo la violencia en una fuerza que no suele expresarla.

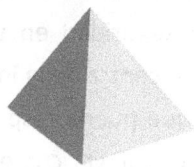

Echémosle un vistazo a la Fuerza Neutra. Es la fuerza que resuelve el conflicto. Sustituye al "Deus ex machina" del teatro clásico en el cual los héroes estaban condenados a la lógica de Dios que es invisible, inasible e inexplicable. El "Dios de la máquina" solía aparecer cuando las aventuras llegaban a un punto irresoluto para dar una advertencia moralizadora: "El hombre sin los dioses es nada" y cosas por el estilo. El protagonista flotaba como hoja seca en la merced divina aún cuando sus acciones parecieran expresar su albedrío. El Método de Personaje procura las justificaciones de la actividad del personaje en la diversidad de variables de su biografía y dentro de los límites de sus circunstancias.

La visión del Método es de carácter sociológica y de esa sociología de la conducta del personaje el escritor es el único demiurgo. Por eso el escritor es un constructor de mundos. El mundo que escribe y describe el escritor es inclusivo y justificado. Es inclusivo porque contiene TODOS los argumentos dramáticos que necesita para construir un mundo. Es justificado porque se basa en una estructura de personajes relacionados donde cada nodo de la estructura (cada personaje) es ínter-dependiente y donde cada uno hace su propio aporte de información. Cada personaje es un mundo colisionando con otro mundo.

Entonces, ese universo no puede tener justificaciones externas del tipo "Deus ex machina". No construirá un relato disparatado donde los personajes después de ir de un lado para otro sin la menor congruencia descubran una mano gigante en las nubes criticándoles el desafuero. El personaje de Fuerza Neutra evita ese atajo dramático del teatro clásico. El personaje de Fuerza Neutra es una especie de pirámide que reorienta con sus lado el movimiento de la bola y del cubo. Tiene un papel regulador y, aún más, de definición del Relato.

PARADOJA DEL TITANIC
*Si Jack no hubiera subido al barco,
el barco no se habría hundido*

El carácter y la fuerza de la triada. El comportamiento básico del individuo, es decir, la manera en la que se relaciona habitualmente con las demás personas y, en general, con el mundo, está intrínsecamente relacionado con los mecanismos de construcción del carácter. El carácter se forma en los primeros cuatro años de vida. Esto es básico para entender como el personaje se establece y por eso cuando diseño un personaje dedico al menos un párrafo para explicar lo que llamo las Condiciones del carácter. Estas condiciones, en definitiva, expresan el carácter de la fuerza que hemos otorgado al personaje. Como esto es el resultado de la observación más que el de la investigación bibliográfica, puedo decir con propiedad que el conocimiento de las fuerzas me ha permitido entender bastante bien el funcionamiento de las personas con las que me relaciono hasta el punto de lo predecible. Las condiciones del carácter expresan la manera en que un individuo se ha relacionado con los primeros referentes de su vida. Esto referentes son las personas que participan en la construcción de la personalidad en sus primeros cuatro años.

Recuerda: las fuerzas no tienen carácter *valorativo*.

La Fuerza Activa es la que inicia de manera directa un proceso. Hay varios aspectos que caracterizan a los personajes que representan esta fuerza. El personaje de Fuerza Activa de la Tríada Principal (A1) es siempre el personaje principal porque es quien inicia e hila el Relato. Es, como se ha mencionado una y otra vez, el portador del Tema, que es una gran responsabilidad.

Según he observado, el individuo que representa la Fuerza Activa ha tenido padres permisivos. Esto es especialmente incidente cuando por alguna razón un niño recibe atenciones desmedidas por su madre en un mecanismo conocido como sobreprotección. Los casos extremos son los "niños-genios" y los grandes dictadores. ¿Puede formarse una Fuerza Activa cuando el padre es también fuerza activa? De hecho sí en por lo menos tres situaciones muy diferenciadas: cuando es el "proveedor" que ha delegado completamente en la esposa la atención de su hijo y no tiene una presencia directa en la formación inicial delegándose en otro individuo como tutor (en este caso también la madre tendía una intervención periférica), cuando es el menor de tres o más hijos (en cuyo caso usualmente hay una enfermedad con peligro para su vida) y cuando el padre no ha participado, del todo, en la Triada Primordial, es decir, cuando no ha tenido siquiera una participación periférica (por ejemplo, la madre del individuo de Fuerza Activa, tenía relaciones permanente con un hombre con familia en convivencia).

El siguiente cuadro expresa tendencias que caracterizas a los individuos de acuerdo a la fuerza que representa. Recuerda, son tendencias: nada es en blanco y negro en lo que a conducta humana se refiere.

Fuerza Activa	Fuerza Pasiva	Fuerza neutra
Activo	Pasivo	Neutro
Destructivo (auto)	Constructivo	Interventor
Inicia procesos	Sirve a procesos	Impulsa procesos
Oportunista	Creativo	Versátil
Caprichoso	Moldeable	Adaptable
Cerebral	Visceral	Balanceado
Manipulador	Manipulable	Influenciable
Inseguro	Seguro	Dubitativo
Compulsivo	Impulsivo	Reflexivo
Dependiente	Co-dependiente	Independientes
Enfermizo	Saludable	Vulnerable
Arrogante	Humilde	Oscilante
Chapucero	Perfeccionista	Flexible
Violento	Pacífico	Conciliador
Tenaz	Auto indulgente	Indulgente
Intolerante	Tolerante	Compensador
Analítico	Sintético	Nivelado
Aferrado	Desapegado	Conciliador
Apático	Apasionado	Desapasionado
Relacional	Desapegado	Conciliador
Intemporal	Temporal	Atemporal
Memorioso	Olvidadizo	Selectivo

Hay muchas razones por las cuales el personaje de Fuerza Activa siempre es al que más le presta atención el escritor. Siempre me preguntan si un personaje de Fuerza Pasiva puede ser el conductor del Relato. Mi respuesta es: NO. el conductor el Relato siempre es el personaje de Fuerza Activa de la Triada Principal. Sólo echa un vistazo a cualquiera de tus personajes preferidos. Si no fuera de Fuerza Activa, sencillamente no sería posible el Relato. Así de simple.

Siempre me preguntan si el conductor del Relato puede cambiar de fuerza. Mi respuesta es: NO. Un cambio de fuerza debilita fatalmente la estructura del Relato. Quienes seguían festinadamente "Two and a half men" no hallaron encanto en que el personaje de Alan tomara posturas de Fuerza Activa, ni que el personaje de Walden que ocupaba el antiguo Charle Harper, adoptara posturas de Fuerza Pasiva. Eso condenó la serie desde el principio de la novena temporada y la ha puesto en permanentemente en precariedad con argumentos disparatados y poco consistentes.

Tendencias de la personalidad. En el listado propuesto arriba cada fuerza ordena una serie de valores que corresponden a tendencias de la personalidad. Sí,. Es un listado que ha resultado de la observación del comportamiento humano. Este es el momento en que debes hacer un ejercicio fundamental puesto que las relaciones humanas se articulan de manera triádica. Esto me remite a los principios del Método. Vuelve un minuto sobre ellos y considera las implicaciones que tiene en cuanto al funcionamiento habitual de la sociedad con individuos de Fuerza Activa, Fuerza Pasiva y Fuerza Neutra.

Principios funcionales:
Principio fractal (estructural):
- La relación de personaje es resultado de una triada de fuerzas
- Son tres los tipos de fuerzas: Activa, Pasiva y Neutra
- Las activa y pasiva son fuerzas equivalentes

Principio funcional:
- La Fuerza Neutra es la que genera progresión dramática
- Cada personaje establece relación directa con otros dos personajes
- El personaje es tendencioso (caracterológicamente inamovible)

Principio axiológico:
- Las fuerzas no tienen carácter valorativo
- La Fuerza Activa principal es portadora del tema
- Cada personaje representa un valor

Las implicaciones de esto son realmente vastas. Los individuos de esta manera relacionados se articulan en mecanismos de poder, de supeditación y de afiliaciones que resultan en una verdadera maraña según las perspectivas usuales de los análisis relacionales. El sistema de la sociedad, visto desde la perspectiva de fuerzas puede ser más fácilmente aprehendido.

La mejor manera de entender a qué fuerza pertenece uno es regresarse a lo que llamo Triada Primordial, es decir, la relación a tres partes en la que estabas insertado durante tus primeros cuatro años de vida, período en el cual se modela la personalidad y por lo tanto, en el que se establece la fuerza dado. La fuerza aquí debe entenderse como una matriz de funcionamiento, lo que en el Método se conoce como Comportamiento Social. La Tríada Primordial es, en virtud del Método, lo que he llamado Condiciones del Carácter que es ese primer entorno, el familiar, antes que la socialización del niño pase al estrato siguiente, es decir, a la sociedad.

Puedes entender la complejidad de entender este modelo en situaciones menos civilizadas. No puedo evitar pensar en los niños guerrero de áfrica o, aún, nuestro "civilizados" los niños de la calle donde el entorno familiar es con mayor probabilidad otros niños o adultos sin relaciones parentales. En todo caso, las relaciones de fuerzas se establecen, sospecho, en el mismo orden que propongo que se estructure al escribir: la Fuerza Activa en primer lugar, seguida de la Fuerza Pasiva y por último la Fuerza Neutra. De tal suerte si el hombre adulto de la familia (padre) es de Fuerza Activa, la mujer (madre) puede ser de una de las otras dos fuerzas, digamos que de Fuerza Pasiva, el primer hijo debería ser de Fuerza Neutra y el hermano siguiente a este de Fuerza Activa y así sucesivamente.

Chequea la lista de arriba entendiendo que los valores indican tendencias de la personalidad y esto quiere decir que un individuo de Fuerza Activa tiene varios de estos valores de manera predominante en su Comportamiento Social, no todos, por supuestos. Igual aplica para las otras dos fuerzas. De manera que cuando diseñes tus personajes no va a endilgar todos los valores de la columna si no que los irás distribuyendo de manera balanceada entre tus personajes de la misma fuerza.

Este es un territorio vasto que amerita un texto complementario. Pero era importante un planteamiento aunque resulte preliminar. Lo realmente importate aquí es que entiendas a qué fuerza perteneces TU. Debes ser absolutamente honesto contigo mismo. A mis estudiantes les permito pasar por alto la exposición de sus análisis individuales para que no se sientan incómodos con algún descubrimiento inesperado, que siempre los hay. Generalmente se muestran generosos y compartes con el grupo lo que han hallado.

Por otro lado, cuando a lo largo de un curso un estudiante sigue teniendo dificultades para asignarle las tendencias correspondientes a sus personajes, especialmente a los de Fuerza Activa, basta preguntarle e que fuerza se considera a sí mismo, para hacerle ver que no hizo esta fundamental tarea. Por supuesto, mayoritariamente ocurre con los estudiantes que no tuvieron el coraje de mostrar públicamente sus hallazgos. Así que, por favor, no te saltes este ejercicio. Llega a un claro entendimiento de la fuerza que representas y te dará una imagen de conjunto de las triadas de las que has formado parte y de aquella de la que formas parte hoy.

De hecho la triada es una estructura fija: si alguien sale de la tuya (siempre son dos personas con las que te relacionas de manera directa y constante) alguien la suplirá casi de inmediato. Por eso no es para nada raro que las relaciones de pareja se modifiquen con la intervención de alguien que no estaba allí antes y que ocupa simultáneamente el lugar del que ha salido.

Los mal acogidos

El individuo se explica por sí mismo. Se explica a sí mismo. El individuo sea grande o pequeño (tanto física como moralmente) representa TODA LA CULTURA.

Siempre intento una imagen universal del personaje. Procuro que mis estudiantes comprendan el sentido de esto: El personaje es un momentum, un punto moral que explica el mundo en el cual se ha producido una obra sea audiovisual o literaria.

¿Te das cuenta de lo que digo? Si tu personaje no explica con su comportamiento el estado de la cultura, tu personaje es fallido. Por eso insisto en que una biografía de personaje tiene la obligación de incorporar las condiciones generales de la cultura tanto del personaje que estás inventando como de tu propia cultura e idiosincracia. No hay de otra.

La primera porque es el contexto que le estás creando, sea el siglo XII o los tiempos de Nacubonodosor. Esto le otorga contenido, estructura y estilo. La segunda (la tuya) porque actualiza el discurso del personaje: lo sitúa en la zona moral que te interesa poner sobre el tapete. Esto aplica para el cine de autor tanto como para la televisión más comercial (es el insondable abismo entre la telenovela mexicana y la brasileña).

La biografía de un personaje tiene, a mi juicio, dos paradas inexcusables: la infancia y la sexualidad. Ambas tan imbricadas que no pueden siquiera esbozarse de maneras separadas. El tiempo que un niño fue amamantado genera condiciones de comportamiento tan predecibles, que aunque no se incorporara en la biografía del personaje uno lo tiene (y mantiene) en sus pensamientos mientras escribe.

Es justamente en este punto en que se generan las relaciones de dependencias que terminan perfilando al individuo. Dependencia emocional por supuesto. Puedes ser drogodependiente, sexodependiente, *aburridodepediente* (esa acabo de inventarla), puedes declarar la supeditación que se te antoje -aún como una enfermedad (aunque esto es en sí misma una falacia: la enfermedad es falta de balance sea de comportamiento individual o social). Ahora bien, debajo de toda dependencia, si esto es posible, existe una matriz de comportamiento que no es otra cosa que subordinación emocional. Lo cual me conduce inexorablemente al sustrato más importante de la conducta humana: la sexualidad.

Un medio extremadamente regulado de la conducta sexual conduce inexorablemente a la dependencia emocional que es la madre de todas las disfunciones, lo siento.

Cuando esa curiosidad infantil sobre su propia naturaleza es suprimida, los mecanismos de placer comienzan a enmascararse con actividades extrañas al cuerpo que, dicho sea de paso, es el primer territorio de investigación y experimentación de la "realidad física". En un niño reprimido hay un monstruo en ciernes. Todos somos monstruos manifestados en la figura de la genialidad artística o criminal.

En un terreno neutro de discusión, esos son extremos anudados sobre sobre la misma condición primaria (la de la represión sexual), extendidos en planos sociales disímiles: Un niño castrado en su sexualidad desplegará una suerte de rencor en forma de castigo hacia los demás sea como "niño genio" que humilla a su madre abiertamente después de una presentación pública, sea como "niño de la calle" que comete su primer crimen a una edad inconcebible. Estoy tomando como referencias casos reales.

En el ámbito de la construcción del personaje, estas conductas se encuentran justificadas por las condiciones que establecemos en la infancia de este. Por eso nunca pienso en términos de "perfil del personaje" sino en términos de "biografía de personaje". Me gusta establecer por lo menos tres capas de construcción de "su" carácter en la forma de su Comportamiento Social, las Condiciones del Carácter y la Biografía, propiamente.

Las castraciones tempranas conducen a un niño a una idea pervertida de la sexualidad. En las sociedades citadinas no es nada extraño, contra sus "bien instituidas creencias", que una muchacha que apenas expande curvas, se embarace con la primera escaramuza sexual. Afrontan su primer contacto con miedo y malicia (un par de oscuras sombras que hacen más opaca su relación con el mundo). Sin mejores advertencias que la de la abstinencia -tamaña ingenuidad de la educación contemporánea-, se contentan con una migaja de placer que les dejará una pátina blanquecina antes de que acabe el primer beso y la convicción de que la vida es un malogrado suspiro.

Es un mundo de malcogidos, si se me permite la expresión, hijos de malas cogidas. Eso explica por mucho nuestros comportamientos habituales. Para la gran mayoría de nosotros el mundo es algo frustrante, extremadamente regulado por fuerzas que no llegamos a comprender.

Aquí es donde se pone interesante: Uno como escritor es el Dios Creador de Todas las Cosas de nuestros personajes. Uno establece las leyes de este mundo donde los personajes adquirirán su propia corporeidad.

Katy se ríe en la web

Katy es una muchacha que ríe mucho (al estilo web claro: jajajaja. Eso es lo interesante de este tipo de comunicación: todo es significante). A Katy le gusta la imagen de rebelde que ha hecho de sí. Un día se casó como desafío a su padre. Katy tenía dieciséis años. El chico, dieciocho. Una edad insuficiente para alguna buena medida de la vida y lo que es su núcleo biológico: la sexualidad. Está bien Katy no es tu caso y por eso estás en contra de todas las estadísticas(Katy ríe).

Este punto de coincidencia (el de Katy y quien fue su esposo), supondría generar dos biografías paralelas y claro, interdependientes, pues como suele ser la vida aunque reclamemos esa dudosa premisa de la casualidad.

Es un ejercicio curioso comprender el mundo de motivaciones de una persona a partir, por ejemplo, de una fotografía, de una frase o, peor, de un avatar en una página electrónica. Siempre me preguntaba de qué manera se hacía viable, por ejemplo, un matrimonio pactado desde un chat. De pronto, se hizo tan común como obtener una imagen del mundo a partir de lo que sugieren tus amigos en alguna red social.

El asunto es que por mucho que alguien se oculte en un avatar o icono en la web, siempre se puede hallar alguna información, digamos, útil. Creo que no se puede hablar con alguien que no se ve sin construirle un relato y eventualmente esa es la eficacia de la comunicación web. En cierto sentido, me recuerda el dominio de la imagen intuitiva que la radio promueve, contrario a la imagen impositiva de los medios visuales.

Una de las herramientas de las que he echado mano en el Método es la manera en las que el actor construye el personaje. Hay en esto por lo menos dos conductas básicas. Una de ellas es construir el personaje "de afuera hacia adentro" que supone concebir un comportamiento externo, su carácter, sus tendencias visibles de funcionamiento e ir adentrándose en la urdimbre de motivaciones y enmascaramientos que es la personalidad.

En contraposición existe la perspectiva "de adentro hacia afuera" que implica el camino inverso, es decir, generar condiciones básicas de funcionamiento partiendo de la niñez del personaje hasta que se encuentra con por lo menos uno de los personajes de nuestro relato.

Incluso desde el nombre el personaje comienza a establecerse, a armarse: Katy, 22. Relativamente baja. cuerpo voluptuoso. Alegre y expansiva. Eventualmente depresiva.

Inmediatamente surge la necesidad de explicar estas cosas y la mejor manera de hacerlo es estableciendo lo que me gusta llamar las Condiciones Iniciales que con toda propiedad se encuentran en la infancia de cada individuo.

Katy es la menor de sus hermanos. Tanto el primero con el último de los hijos reflejan el contenido del conocimiento de sus padres en cada uno de estos cruciales momentos: la torpeza de la falta de conocimiento o el exceso de confianza por conocimientos acumulados. Suele ocurrir que el vástago final adquiera cierta capacidad de decisiones con un cierto grado de independencia que lo muestra voluntarioso y hasta caprichoso sobre todo si ha recibido los beneficios de una progresiva mejora en la calidad de vida de sus progenitores. Por eso Katy es la que piensa todo el tiempo en hacer negocios, en "salir adelante" por sí misma.

Es la voluntad misma y hay en esto algo de una soberanía ciega: una actitud republicana después de un siempre largo período colonial. Katy tipifica la Fuerza Activa. Siempre nos interesa la Fuerza Activa porque con ella se arranca el Relato y se despliega y se resuelve.

Este período colonial nos interesa mucho porque, lo he dicho antes, bastan los primeros cuatro años de la vida para que las estructuras de funcionamiento de un individuo queden permanentemente establecidas. Pensaría -es sólo una especulación Katy- que esta es una niña inesperada que como suele ocurrir nunca son malqueridas aunque le toma a una madre algunos largos meses de aceptación. Así que Katy (mi personaje) entró al mundo con una ligera deficiencia hepática que la condujo de inmediato a una semana de cuidados especiales. Debido a esto la madre desarrolló un mecanismo sobre protector que la condujo a toda suerte de consentimientos.

De hecho es bastante común que los individuos de Fuerza Activa hayan padecido alguna peligrosa disfunción en el primer año de vida. Esa fragilidad de la salud se suele compensar con un egoísmo ciego -que instauró la madre en su hija sin proponérselo- y un eventual endurecimiento del carácter.

Katy solía llorar cuando tenía hambre o cuando estaba ahíta, cuando quería un juguete o cuando le aburría el que tenía, cuando los hermanos la molestaban o cuando la ignoraban, o bien cuando estaba sola o rodeada de gente.

Su vida, hasta el punto en que comenzará nuestro Relato, ha sido la de una adolescente común. Podríamos mencionar algunos sucesos irrelevantes que no servirán mucho a nuestros propósitos. Por eso lo que cuenta una biografía de personaje son estrictamente los acontecimientos de los que podremos echar mano en algún momento aún cuando escribir pequeños asuntos puede ayudarnos a darle consistencia al personaje y por tanto a su conducta que es lo que necesitamos justificar.

Después de estas Condiciones Iniciales que he propuesto antes, se hace coherente ese Suceso cuasi-surrealista de casarse a una edad cuasi-adolescente por contrariar al papá. Este Suceso me sugiere una confirmación de la conducta, porque Katy como prolongación de la terquedad (a su vez derivada de la vaga conciencia de un poder que se obtiene gracias a una madre dispuesta a ceder ante el menor capricho) es dada a los excesos. Ya lo habíamos visto: si el papá se opone a una de sus ideas, ella la llevará hasta sus últimas consecuencia.

Así que este matrimonio adolescente se evapora en unos ocho meses y Katy hereda un par de insatisfacciones: una sexualidad incompleta y una batalla con su papá, perdida. De la primera emerge un territorio extenso de experimentaciones que la mantienen con una larga risa en las noches de bares y clubes. De la segunda se solidifica esa intención de república independiente y estará por ver si podrá lograrlo.

En ocasiones nuestro personaje, sola sobre la cama recién mojada, llora sus frustraciones habituales. En esta edad de ambiciones complejas rezuma sus rabias cuando las cosas se dan de otra manera. Aquí comenzamos a construir el Relato.

El Club del Escritor

Unas graciosas notas en mi celular me despiertan a las cuatro de la madrugada. Es un amigo - no un amigo genérico, UN AMIGO - preguntándome por qué la vida resulta a veces miserable. Dice que está hasta el culo (una expresión que significa que ha bebido hasta la mierda, si me entiendes). Ya que cuando tomas sin parar es casi seguro que alcances a ver la zona escatológica del mundo donde toda la miseria humana recala sin ninguna suerte de condición moral.

Esta mañana, cuando he querido releer el mensaje ha irrumpido otro, el de una amiga que ME HA DICHO EN LETRAS CAPITALES QUE NO QUIERE VERME NUNCA MAS, QUE NO LE GUSTA MI FORMA DE SER, QUE NO LA LLAME, QUE NO QUIERE NADA DE MI...

Aún así el lenguaje es limitado. Sólo el receptor puede imaginar, apenas, la situación emocional del remitente.

Ahora mismo, ¿cómo puedes siquiera entender mi propio estado emocional? No puedes por cierto, aún si te adelanto que anoche me acosté con un poco de zozobra por mi madre que a cientos de kilómetros lloraba en su soledad.

El Método de Personaje se basa, entre otras, en la idea de que las relaciones humanas son siempre condicionadas. Esto terminé descubriéndolo con uno de esos amigos que terminas creyendo tu hermano y que un día te tiran en la cara el lazo económico que generalmente nos une a otra persona. Por esa época estaba preparando un libro en el cual hice una referencia literaria a esto. Aún, varios meses después, escribí una narración donde incluí el hecho como metáfora y a este amigo como personaje metafórico dispuesto a abandonar a su compañero de ventura en aprietos. Es lo que suele hacer un escritor: aprovechar los acontecimientos propios como enseñanzas ajenas.

Sin embargo, cuando la condición económica no es el disparador primigenio de la relación emocional, puede en verdad levantarse el edificio de todas las dudas sobre dos amigos.

Otra condición es, claro, la sexual (que es diferente a lo que me refería antes). Esa es otra y especial condición que establece también mecanismos importantes, acaso más poderosos que el económico y que luego pueden traerse al piso cualquier ilusión de amor como hojas secas debajo de un árbol de otoño.

Te he hablado antes de la Condición Inicial que debe ser establecida al comienzo del Relato. Cuando examinas las causas que provocan ciertos comportamientos de las personas contigo y tuyos con relación con los demás, descubres cuan fijos suelen ser. Las Condiciones Iniciales en cualquier relación humana fijan un comportamiento más o menos estable. Si andabas en apuros económicos cuando conociste a X, aún cuando ya hayas superado el trago amargo, es probale que siga pagando tus rondas de cerveza en el bar que solían reunirse y en algún otro recién descubierto.

Imagina -mejor observa- el alcance de esto. Las circunstancias pueden cambiar pero las Condiciones Generales modelarán hacia adelante las dinámicas habituales de la relación. Sea tu madres, tu hijo, tu compañero de trabajo o de cama, las relaciones humanas siempre son condicionadas. Es inestimable el valor que tiene esto para un escritor. Mas vale que le prestes atención.

Esta mañana he querido revisar el mensaje de este amigo porque hablaba algunas cosas interesantes sobre la **condición humana**. Quería decirle que quien no haya tenido -aunque sea como un fogonazo- la idea de que el mundo es miserable y merece abandonarse, está realmente chiflado y es un hipócrita y un verdadero estorbo para el mundo. Ese es un cuestionamiento existencial al que se le encuentran mayoritariamente pobres respuestas. Aún así, es de las inquisiciones necesarias para no quedarse a medio camino de hecho aunque sigas "viviendo". Sí me entiendes Chizo.

Al primero respondí con una larga nota sacada del entresueño: Una amistad sin mediaciones merece toda la atención de una persona despierta. A la segunda con un neutro "Ok" porque cuando la condición es sexual no tiene caso procurar ninguna suerte de rescate.

Los escritores no somos seres solitarios aunque amemos la soledad: necesitamos del otro, de los otros, de los demás. Los individuos más cercanos, sean que participen en nuestra Triada Principal, sea que se muevan periféricamente a esta o, aún, que se muevan esporádicamente en torno de tus relaciones fijas de primer grado, aportan una información sustancial sobre las medidas del mundo.

De las personas que más he aprendido, son las que en algún momento conformaron mi Triada. No quise aprender estas cosas, sencillamente ocurrió. Nunca de manera inmediata porque la lumbre demasiado cerca suele quemar en lugar de proponer una imagen literaria. La literatura queda para después.

Es cierto que debes estar atento. Pero es una recomendación diferente a acumular datos. Debes prestar toda la ATENCIÓN a la vida, a tu vida, a las personas con quienes te relacionas. Cenar con alguien que te importa procurando arrancarle una verdad es un desperdicio. Si tienes un plato con comida en frente, sólo come.

Así que bienvenido (otra vez; bienvenido siempre) al Club del Escritor, un dominio sin patria donde cabemos las parias literarias de un mundo mayoritariamente extraño, las huestes que nunca recibieron trono, ni aún el reconocimiento de sus congéneres impuestos o prestados, ni siquiera reverenciados por las cucarachas de las esquinas de la soledad.

Otras disquisiciones

Recursos contra el talento

Como cualquier otro oficio, aprender a escribir no requiere de una condición especial. Siempre me pareció excesivo tanto énfasis en eso que llaman talento. No es una casualidad que muchos de los grandes artistas reconocidos a lo largo de los siglos hayan tenido excelsos maestros. Si existe alguna buena condición para aprender a escribir esta es la de EMPEZAR. Si no se toma acción en lo que anhelamos, ese anhelo se convierte en un sueño: deseos verbalizados, imágenes viajeras... Escribir es un oficio y como cualquier oficio es un conocimiento que a nadie está vedado.

Esta es la razón por la cual el arte no suele ser desarrollarlo por aquella que, según el Método, resulta en la fuerza creativa, la Pasiva. Con la constancia de una metodología probada el arte, como cualquier otro modo de actividad de la cultura, va generando cierta divergencia que termina en algo completamente nuevo. Se dice que Stradivarius no fue el estudiante más creativo que tuvo Maese Amati, si no el más persistente. Procurando emular a su maestro descubrió su propio barniz que solía ser el gran secreto del sonido de un buen violín. Por otro lado, hubo pintores com Modigliani y Van Gogh que vendieron muy poco y por montos irrisorios sus obras, las mismas que un siglo más tarde se usan como seguros financieros mejor valorados que el oro. Por eso, en lo que a mi respecta:

EL TALENTO ES UN MITO

Si se quiere aprender a escribir un bestseller, un longseller, una narración corta o una larga, un guión para cine o para televisión, un libreto radiofónico o una obra teatral simplemente empieza

HACIENDOLO. ¿Cómo? ¿Sobre qué se construye una novela? ¿Sobre qué se construye cualquier narración? Bueno, no levantas un buen edificio con una estructura precaria. Te aseguras de diseñarle buenos pilotes. Es más, te aseguras que esos pilotes sean suficientes (nunca más nunca menos), que tengan ubicaciones coordinadas, de manera que generen una estructura consistente, conveniente y hermosa. ¿Cual es el pilote de una novela, de un guión, de un libreto, sea de ficción, sea documental, sea un relato fantástico o histórico?

El pilote de un relato es el PERSONAJE. ¿Cómo se construye un personaje? Pues usando las referencias que se tiene a mano, que por cierto, no son pocas. Generalmente los personajes principales de las primeras novelas o guiones es uno mismo. Eso conduce directamente a la idea de que el primer objeto de observación (y no hay buenos escritores sino sagaces observadores) eres tu mismo. Por eso, si estuviese en la situación de establecer una definición, pues tal vez todavía no es el caso, diría que

APRENDER A ESCRIBIR ES APRENDER

EL ARTE DE CONCEBIR PERSONAJES

Pero está claro que un personaje no hace relato así como una gaviota no hace verano. El verdadero secreto está basado en el hecho básico de que un sistema no es la simple suma de partes sino la interdependencia de sus partes de manera tal que una de ellas separada del conjunto pierde la calidad que la hacía conformar el sistema y el sistema mismo sin esa parte es imperfecto y disfuncional. Así que mejoraré la definición anterior diciendo que,

APRENDER A ESCRIBIR ES APRENDER

EL ARTE DE CREAR UNA ESTRUCTURA DE PERSONAJES

Cómo se relaciona un personaje con otro, cómo interaccionan entre sí, es acaso el fundamento de la Acción Dramática. La manera en que un personaje interviene en el relato promoviendo una Situación que luego se convierte en un Suceso, es lo que genera la Progresión Dramática. Esto es tan importante que basta con generar buenas biografías para que colocados los personajes convenientemente, cual pilotes en un edificio en construcción, se pueda desarrollar un formidable Relato sin temor de que a medio camino te quedes sin material con que seguir o que sencillamente se caiga como una torre de arena que ha sido apenas rozada por una ola ínfima. No importa que tan hermosa parezca tu obra si en el segundo capítulo o a los diez minutos de empezada la película sabes ya que dirección tomará o, peor, sientes que ya se esfumó el encanto y comienza a aburrirte. Si un capítulo después se endereza o veinte minuto más tarde la película se remonta con nuevos bríos, probablemente nunca te enteres porque ya la habías abandonado. Así que, siguiendo la lógica anterior, redefiniría mi último enunciado diciendo que:

APRENDER A ESCRIBIR ES APRENDER
EL ARTE DE CREAR UNA ESTRUCTURA DE PERSONAJES
(Y ESA ESTRUCTURA NUNCA ES EVIDENTE)

O, lo que es lo mismo, esa estructura debe irse develando de a poco. Pues probablemente no te comerías la mitad de las cosas que compras en la calle si supieras cómo han sido elaboradas. Creo que el mayor encanto de un cantonés es el mundo de sabores que descubres desde el primer bocado (y la supina ignorancia de cómo ha sido preparado detrás del biombo chino).

Mientras se construyen biografías para los personajes sean principales, secundarios o terciarios (en una novela literaria suele haber muchos personajes; en una televisiva, ni se diga), se construye también una Historia. Esto no es algo espontáneo: se va levantando una historia desde las biografías individuales. Es el trabajo del demiurgo literario: crea un individuo dramático y le genera un ambiente, una justificación de funcionamiento, para que adquiera albedrío. Y, creeme, los personajes -cuando las condiciones les han sido impuestas por el dios literario que los ha inventado- adquieren una inusitada autonomía. Esto sería algo más misterioso si no fuera por un concepto poderosísimo: la Condición Inicial. Hay por lo menos dos personajes que comparten una condición inicial, una condición que promueve el Relato y que se sustenta en la Historia. Esa condición inicial prevalecerá hasta que la energía acumulada a lo largo de todo el relato produzca un cambio -una nueva condición- que la destruya. Un capítulo después o diez minutos más tarde habrás terminado el libro o la película.

He mencionado varios conceptos muy poderosos: Situación, Suceso, por un lado, y Relato e Historia, por otro Voy a definirlos a continuación para que quede clara su importancia. Sin embargo existe un tercer concepto asociado a los dos últimos: el Mito.

El Suceso es el acontecimiento que se expresa en la Acción Física del personaje. Este es un concepto tomado de la actuación. La Acción Física es la expresión visual de la sicología del personaje.

Un hombre corre desesperadamente pero no recuerda por qué lo hace. A su izquierda descubre a unos diez metros a otro individuo corriendo. No sabe sí lo persigue o está siendo perseguido. Padece de vacíos de memoria de corto plazo así que solo la acción física del otro personaje le hará saber al espectador quien persigue a quien. La Acción Física, debido al recurso dramático de la pérdida de memoria, no expresa más que un pensamiento ambiguo del personaje. A continuación le disparan y entonces te das cuentas que es a él a quien persiguen. Eso es lo que ocurre en "Memento" de Christopher Nolan. Es un Relato basado en sucesos, como suele serlo el cine de entretenimiento. Pero son las justificaciones sicológicas del personaje el que hace de este una extraordinario personaje. Una estructura de sucesos sin justificaciones sicológicas termina dañando irreversiblemente cualquier relato dramático.

Lo que le da consistencia a la acción física es la Situación que puede ser definida como la acción sicológica del personaje. Existe relatos construidos casi exclusivamente de situaciones. Un ejemplo magistral es "Fanny y Alexander" donde Igmar Berman hace un verdadero alarde de construcción de Sucesos a partir de largos desarrollos *situacionales*. Hizo eso toda su vida de director con películas como "El séptimo sello" y "Persona".

La Situación, como estructura dramática, se entiende mejor como un acontecimiento en que la Acción Física casi se detiene. Todo se mueven con menor velocidad, en el pensamiento del personaje en la forma de una reflexión, a veces a través de la mirada. En muchas ocasiones, el cine comercial reduce la estructura situacional a una breve exposición de carácter biográfico donde el personaje procura justificar sus acciones. Es una manera fácil y muy poco elegante de darle algo de contenido sicológico a las acciones del personaje. La Situación bien administrada suele producir Relatos interesantes basados en Sucesos, es algo que ha mostrado una y otra vez Steven Spielberg. Por el contrario tenemos a Woody Allen cuyos Relatos suelen estar basados en Situaciones con Sucesos bien administrados.

El Relato es esa sucesión Sucesos y Situaciones en los que los personajes se encuentras en una Condición Inicial que necesita ser superada. Esa Condición Inicial es el disparador del Conflicto que conducen a los personajes a un Suceso Principal en donde la progresión Dramática llega a su punto más alto en lo que se conoce como Clímax. El Clímax es el punto crítico del Relato que deberá ser resuelto con la participación del personaje de la Fuerza Neutra de la Triada Principal. Que deba ser resuelto no significa necesariamente "satisfactoriamente" o "para satisfacción de la audiencia".

Lo anterior es un resumen de lo que el Relato es. Sin embargo, te advertí desde el principio que una Relato es el resultado de un trabajo periférico mayor que el escritor realiza en fases previas. Existen, en virtud de esto dos conceptos realmente importantes. Uno es de uso corriente aunque la gran mayoría de los escritores no lo ven metodológicamente diferenciado: la Historia. El otro es un concepto que he desarrollado recientemente: el Mito.

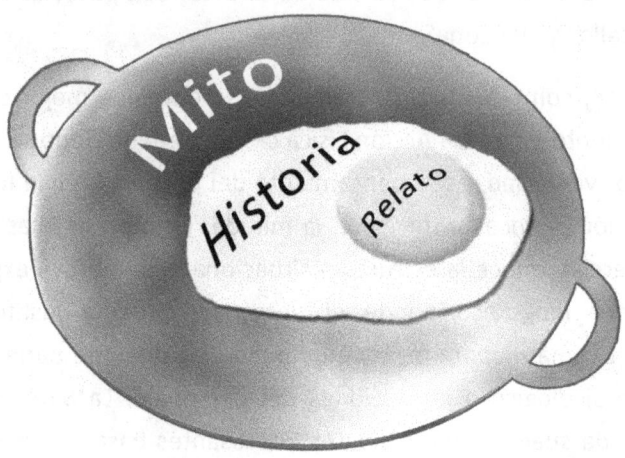

Como el el caso de la psicología de personaje, me gustaría dedicarle al Mito un libro entero porque me parece una de las herramientas más interesantes y productivas del Método.

El Relato es lo que, efectivamente, se pone a disposición del perceptor sea el lector o la audiencia. Todo lo que elabora previamente el escritor en en función del Relato, ya que es, a final de cuentas lo que va a ser apreciado y disfrutado. El Relato se encuentra inscrito en un RELATO MAYOR que llamo Historia. Dicho en corto, La Historia es lo que desborda al Relato: es lo que le antecede y lo que, eventualmente, ocurriría si el Relato continuase.

Creo que es bastante evidente la necesidad de antecedentes del Relato. Con la Historia justificamos los Sucesos con que construimos el Relato, las causas por las cuales nuestros personajes hacen una serie de acciones. Pero es también el entorno general y amplio del personaje (las condiciones culturales e históricas, así como las idiosincrasias) que el perceptor obtendrá por indicios que astutamente colocará el escritor.

Cundo digo que la Historia desborda el Relato, me refiero a la base cultural general en la que tal Relato se desenvuelve. Me refiero las Condiciones Iniciales que genera la Historia y al entorno general en el que el Relato se despliega. También me refiero a las nuevas Condiciones Iniciales que tanto la Historia como el Relato promueven.

Siempre creí que la Historia debía envolver el Relato como lo hace la clara a la yema el huevo. Me parecía que, aún si la Historia se extendía hacia adelante, en el futuro de un Relato que nunca iría a abordarse, proveía un marco referencial del que el Relato siempre obtendría recursos. Admito que no era una argumentación demasiado consistente con el hecho tácito que era trabajar en algo que eventualmente nunca se utilizaría.

En todo caso, argumentaba yo, la Historia es el contexto general del Relato y lo provee de insumos. Un escritor debería, incluso, prever un futuro para un personaje de un Relato concluido. Esto consideraba cuando la televisión y el cine tenían semánticas muy separadas por asuntos como la Narrativa Visual y la tecnología asociada a la producción de de uno y otro medio.

Entonces aparecieron las SMD en donde se ha producido una notable confluencia de ambos medios: la *serialidad* y las profundidades de campo y de color. Para mi, constituyen un tipo diferenciado de producto que no es estrictamente televisivo ni estrictamente cinematográfico. Hablo de esto en un aparte más adelante y no me detendré más en ello. Entonces, la imagen del huevo frito sombre el comal adquirió un renovado alcance. La Historia no sólo proveerá al relato con un marco referencial que le otorgara consistencia, si no que, además, deja un planteamiento de antemano para una *serialización* del Relato.

Hay quien se ha dejado decir que las nuevas series son la nueva novela. He pensado detenidamente en esto. He concluido que algo tiene de razón aunque ciertamente no puedo admitir que la novela literaria se encuentre en un declive irreversible. La literatura desaparecería sólo a costa de la civilización. Esto no es sólo porque los medios necesitan de la literatura para sus planteamientos narrativos, si no porque la literatura como finalidad no se reduce a la producción de Relatos si no, antes, a la producción de la propia lengua. En última instancia, los escritores nos convertiremos en los monjes de claustro que conservaban el latín como herramienta de conservación del conocimiento.

El escritor contemporáneo debe entender que cualquier Relato puede ser *serializado* en virtud de algunos de los medios instituidos. Tener una Historia ampliamente desarrollada te permitiría seguir desarrollando Relatos *ad infinitum*. Piensa en Asimov con su vasta saga de "Fundación". Piensa en Tolkien con su magnífica trilogía de "El señor de los anillos". Si tomas a Tolkien como referencia, deberías considerar el hecho de que el espacio que ocupa en el libro que compendia los inicios y la historia de la Tierra Media no llena más de una docena de pliegos en esta suerte de biblia de un millar de páginas que ayudó a conformar el hijo de Tolkien tras su muerte. Este es un gran ejemplo de lo que la Historia es.

¿Qué es, entonces el Mito?

Si tomamos como referencia al propio Tolkien, sus Relatos están soportados por Historias que construyó unificando mitos fundamentalmente europeos. Generalmente, a menos que crees tus propios mitos, lo escritores nos basamos en relatos que hemos cosechado gracias a lecturas y la apreciación de otras artes. Pero, sobre todo, la literatura, porque ningún otro arte puede darte la escala más completa de un mito.

Cuando hablo de mitos pensarás en las tradiciones que hemos heredados de culturas antiguas y tienes razón. Por lo menos parcialmente. Cuando hablo del Mito desde el Método de Personaje, estoy mencionando una técnica específica, una herramienta de la mayor utilidad que puedas imaginar. Te proveerá de contextos, de personajes y de estructuras completas para tu Relato.

El Mito en virtud del Método de Personaje supone la adopción´n de cualquier Relato con una estructura coherente y al mismo tiempo amplia como para permitir una apropiación. Cualquier Relato puede convertirse en Mito. Como mencioné la principio, tomé el Relato de "El Padrino" como Mito de mi familia (mis personajes principales) en "Gente como nosotros" , un proyecto de telenovela al que dedicaré algunas páginas posteriormente, fuera del contexto de este libro. Para otro de mis personajes adopté la Línea Argumental Principal del Relato de "Los miserables" de Victor Hugo, en el que un prófugo de la justicia se convierte en el protector de un pueblo.

El uso del Mito es más común de lo que supones ahora mismo. De hecho, veo asociado el empobrecimiento de los Relatos que padece actualmente la producción multimedia general precisamente por el agotamiento de los Mitos. Se ha hecho un uso exhaustivo haciéndole todo tipo de variaciones e introduciéndole todo tipo de variables hasta que ya no ha quedado Mito. Los Mitos de la Cenicienta, el de la suplantación del príncipe por el mendigo, el del superhéroe salvador de mundo son muy comunes en los Relatos comerciales.

Sin embargo, hay Mitos por doquier a los que bastaría re-contextualizar para convertirlos en Relatos frescos. Cada cultura o mejor, cada grupo humano, por pequeño que sea, tiene sus propios Mitos. En realidad sí hay un Mito de mitos. Es el Mito que ha generado, hasta donde alcanzo a ver, la gran mayoría de los Mitos conocidos: el de los sumerios con sus ANNUNAKIS ("Aquellos que del cielo vinieron"); que es el posible origen los todos los Mitos de las civilizaciones que le sucedieron. Ahí te lo dejo de tarea.

Entonces, el Mito es la condición general de la Historia. Le aporta estructura, contenido y personajes. Basta con que uno modifique el contexto (viajeros interestelares en lugar de dioses, una secretaria que se convierte en ejecutiva en lugar de Cenicienta, una gran empresa derrotada por una pequeña compañía tecnológica en lugar de David y Goliat, etc.) para que un Mito cualquiera se convierta en tu Relato.

El pretexto argumental

o cómo se construye una sinopsis

Es probable que con una lubricada imaginación cualquier Argumento se levante de la nada. Una Idea es la simiente imprescindible del Relato y cuando está lista ya tenemos nuestra Línea Argumental Principal (LAP) levantándose igual que la viga central de un edificio flotante.

El Argumento es una construcción que ha de realizarse con el mayor de los cuidados midiendo consecuencia y consistencia.

Siempre he querido escribir una novela de conspiración al estilo de la literatura de acción contemporánea aunque sin tanto efectismo y definitivamente con gracia (es asombroso cómo la especulación sobre secretos históricos que incluya órdenes misteriosas, dudas sobre el Vaticano y reliquias provocan ventas multitudinarias aún cuando la pobreza del discurso revuelca al lector en su propia pobreza intelectual).

He creído que la estructura de la vida responde a intereses minoritarios que no comprendemos y que solemos amparar bajo uno de los nombres de un también incompresible dios.

Por eso cuando reviso las etiquetas de los alimentos en los supermercados admito la posibilidad de envenenarme bajo mi absoluta voluntad a falta de alternativas naturales que ya se han ido reduciendo a un margen casi imposible para una persona de ciudad.

Me deleito viendo a personas excedidas de peso intentando un balance en sus excesivas vidas con alimentos light, ¿light? La etiqueta light viene asociada generalmente a una de dos o ambos sucedáneos: almidón modificado y/o edulcorantes. Ya no tomamos yogurt sino un sustituto a base de almidón que definitivamente debe tener efectos completamente diferentes que el yogurt natural y por eso todos los inventos de los probioticos como medidas de compensación. La idea que tengo del yogurt natural es que es un probiótico en sí mismo y hasta que caí en cuenta que ya no es yogurt lo que venden los supermercados, entendí porqué la insistencia en esos mecanismos probióticos sucedáneos.

Los edulcorantes son otro asunto interesante. Se sabe que el aspartame tiene efectos muy inconvenientes para el corazón y su incidencia en los niños suele ser mayor que en los adultos.

Las etiquetas dicen en grande que son light y en pequeño, a veces en párrafos ilegibles por su tamaño, la lista de elementos componentes como si en el caso del yogurt, uno de los mejores alimentos que existe, hiciera falta algo más que yogurt.

Quienes implementan estas normas de producción son los grandes grupos productores de alimentos que se encuentran en la base misma del control mundial. El norteamericano no es un gran imperio por su industria de armas y guerras sino por el control de las semillas y el alimento que consume el mundo. Olvídate de los cohetes estratégicos y los juegos de guerras de las galaxias. El control está en la comida.

Y la comida viene ahora envuelta en eufemismos que nos hacen creer que son más saludables cuando en realidad nos están haciendo engordar y enfermarnos de suerte irreversible.

Otro tanto ocurre con los celulares que donde quiera que lo lleves si se encuentra muy cerca del cuerpo resulta extremadamente peligroso. Si lo llevas por la zona de las ingles condicionan una estacionaria infertilidad. Si lo metes en el bolsillo de atrás del pantalón terminarás dañando la médula.

Así que, si fueras uno de esos tipos -que sin duda existen- que tienen a las personas por cifras y que tienen la función de dioses menores sea porque controlan la producción de algo de consumo mayoritario, sea porque ostentan cargos públicos de incidencia masiva, sea porque heredaron grandes fortunas o títulos, probablemente has considerado algún modo curioso de deshacerte de un poco de gente en una forma blanda.

En realidad no estoy desvariando: estoy elucubrando. Los escritores tenemos cierta manía de conspiración. Lo que he hecho en el ejercicio anterior es dejarme ir por una serie de pensamientos que no han seguido un curso lineal.

He empezado por una reflexión sobre la alimentación y sus efectos sobre la vida corriente. Luego me he planteado la posibilidad de que haya un grupo de poder estableciendo estos parámetros de la vida desde una perspectiva de la enfermedad. Es un ejercicio que puede empezar en cualquier parte, como en mis propios dedos tecleando en una computadora cuya validez, de acuerdo al estado en que se encuentra la tecnología, no tendría ningún sentido tenerla aquí. La propia conducta de la tecnología -que expresa la conducta de los mercados y en ultima instancia, la conducta de cultura humana- ha generado en tiempos muy recientes de mi vida un anunciado sobre lo que debería ser la condición humana.

El que usemos artilugios cuyo funcionamiento ni siquiera entendemos, me recuerda el Mito de la Torre de Babel con la eclosión de cientos de lenguas diferentes que impidieron a las personas comunicarse de manera homogénea. Pienso que en tanto haya esas profundas diferencias de lenguajes y esa limitación para que todos los individuos (dije "todos", ¿cierto?) puedan abordar cualquier asunto en un mismo plano de entendimiento, esa criatura pobre que somos permanecerá en un estado pre-moral, es decir, en un comportamiento basado en el Bien y el Mal. Es solo una reflexión con la cual muestro como se articula una línea argumental.

Cualquier elucubración puede convertirse en la condición de una Idea. Además de lo que te he dicho antes sobre lo que la Idea es, debes entender que su planteamiento conduce al establecimiento de la Línea Argumental Principal (LAP). La LAP es el núcleo del Relato. Esto es lo que cuentas después de haber leído una novela o visto una película. Sin embargo siempre hay Relatos que se mueven de manera paralela generando nuevas variables que absorberá en algún punto la LAP. Son Líneas Argumentales Subsidiarias (LAS) que las articulan otros personajes con sus propios conflictos.

Estas LAS alimentan la LAP con insumos dramáticos externos de manera que son Relatos en sí mismos, subsidiarios del Relato principal, pero Relatos al fin. Por eso deben ser planteados con todo el rigor del caso. No solo le dan consistencia a la LAP si no que, permiten extenderlo tanto como sea conveniente. Sin LAS, la LAP terminaría agotándose en una pocas páginas. A final de cuentas, se escribe siempre con el propósito más o menos manifiesto de mantener la atención en el Relato.

Como siempre, este es un trabajo concienzudo. Si LAS y LAP se apartan demasiado puede hacer que el Relato se caiga irremisiblemente. En ese sentido, el mejor pegamento es el Tema.

La Idea expresa el planteamiento preliminar de una LAP. Como te he dicho antes, esto se hace en una oración e interviene únicamente el personaje A1. Este personaje no se nombra aún, si no que se hace un planteamiento genérico.

La Sinopsis lo que hace es desarrollar una LAP con la participación de los otros dos personajes de la Tríada Principal, P1 y N1. Esto se hace después de una propuesta de Triada Principal, una perogrullada, lo sé, pero viene al caso recordarlo. A partir de entonces debes mencionar sus nombres para que empieces a familiarizarte con tus creaciones.

Ni que decirte que el Argumento debe tener claramente incluidos tus LAS que pueden ser una decena en el caso de las novelas (literarias o televisivas) y en los videojuegos, pero nunca en el caso de una película donde con una harás toda la tarea y con dos estarías corriendo un riesgo de diluir tu LAP. En el caso de las series (televisivas o SMD) se trabajan con estructuras tríadicas con una LAP, una LAS que se mueve paralelamente interviniendo en la principal cada tanto y una LAS menor que sirve mayoritariamente para extender el Relato mayoritariamente con una aportación irrelevante en el Relato. Esto último es más evidente en los Seriados Episódicos para televisión y son muy fáciles de detectar.

Esta LAS menor, tiene la misma capacidad de aportar variables a la Historia y ser convertidos en una LAP en el momento que sea conveniente. Como te he dicho, cualquier elucubración es un pretexto argumental, pero el pretexto no es el Argumento. Necesitas un planteamiento de Idea a partir de la cual puedas elaborar una Sinopsis lo suficientemente clara e interesante como para generar en ti la necesidad de construir un mundo completo alrededor de esta.

El mejor libro: bestseller o longseller

A partir de este punto, dedicaré algunas reflexiones a áreas diversas de la Escritura Creativa como bases de subsiguientes disquisiciones fuera del ámbito de este libro. Puesto que la Escritura Creativa es un territorio vasto que no se circunscribe a la literatura artística y al guión para medios, desde muchas perspectivas lo que sigue te interesa.

Siempre he creído que el mejor libro no es el que más vende sino el que prevalece. Esa es la diferencia entre un *"bestseller"* y un *"longseller"*. El primero logra ventas apoteósicas en un período de tiempo breve en tanto el segundo provoca ventas discretas de por vida. Cuando la luz del poderoso foco de los recursos de mercadeo se apaga para el *bestseller*, la luz de vela del *longseller* se muestra inextinguible.

Hay algunas diferencias importantes entre un *bestseller* y un *longseller* tanto en lenguaje como en estructura. Los *bestseller* suelen escribirse en un lenguaje llano, sin la menor intención poética, de manera que el lector sólo deba concentrarse en la trama. En cambio en un *longseller* hay un mundo lingüístico rico y arriesgado que provee al lector de un segundo plano interpretativo, un ámbito de solaz intelectual, en donde la poética es parte también de la trama.

Sin embargo, desde el punto de vista de la estructura dramática las piezas que lo componen suelen ser tendenciosamente de un tipo o de otro. Aquí es donde me detendré un tanto. Es donde encuentro un especial parecido entre el *bestseller* y el cine comercial. Se trata del término Suceso el cual tiene una relación con otro fragmento de estructura dramática conocido como, ya sabes, Situación.

El cine de autor, el cine de arte, es muy dado al uso de Situaciones en donde la progresión dramática es el resultado de acciones internas de un personaje: En "Nostalgia" de Tarkovski, un largo plano trata sin un ápice de compasión al público, exponiéndolo a la mirada perdida de su personaje principal por exasperantes minutos. El llamado cine de acción hace justo lo contrario: expone al público a cadenas inacabables de Sucesos sin apenas permitir un respiro al personaje para que exprese su estado sicológico que es a final de cuentas el que justifica la acción física.

Un Suceso es el resultado de una Situación, es su salida. Un personaje, por ejemplo, sale del baño y con tranquilidad se viste y baja al lobby del hotel donde se hospeda suponiendo que allí encontrará a su esposa; quien ha bajado unos minutos antes dandole una razón que él no pudo escuchar por el ruido de la ducha. Al cabo de un rato se encuentra desconcertado con la prolongada ausencia. En algún momento, después de hacer algunas preguntas a los empleados del hotel descubre que su esposa no regresara, lo que es peor, probablemente haya sido secuestrada. ¿Por quien? Ni idea. Solamente la expresión de una vaga preocupación que lentamente va tomado tonos de desespero y desesperanza hace que la Situación vaya moviéndose con cierto extrañamiento a un nuevo Suceso: el hombre sale a buscar a su esposa desaparecida sin saber siquiera por donde empezar. Esta es la sinopsis de "Frenético" una interesantísima película de Roman Polanski, basada en Situaciones mas que en Sucesos.

La Situación permite un desarrollo sicológico del personaje justificando cada una de sus acciones. Un escritor *"longseller"* puede tomarse largas páginas en construir todo un mundo basado en Situaciones que deriven finalmente en un Suceso. Repito, la Situación justifica el Suceso. Pero cuando el Suceso persigue otro Suceso con el único fin de hacer trepidar la percepción, el personaje se vuelve vacío e poco creíble. Un trabajo equilibrado con ambas piezas estructurales suele producir obras de una dinámica muy rica como "Matrix" en cine o "El nombre de la rosa" en literatura.

El mejor libro es aquel que se cuida de malcriar al público con formulaciones *reduccionistas* como ocurre con demasiada displicencia en el peor cine de horror donde lo que importa es ver correr la sangre sin el menor cuidado por justificar ciertas actitudes recurrentes de los personajes como el de caminar por donde no se le ha perdido nada. Sin embargo, es un error procurar construir una Situación a partir de valoraciones: "Juan está viviendo la peor de las pesadillas posibles" en lugar de "Juan observa desconcertado el rio de un rojo intenso que escapa de su vida". Es un formidable ejercicio describir con imágenes un estado sicológico. Es lo que llamo Imagen Literaria. El mejor libro es inquisitivo y describe un estado de la cultura, es más, el mejor libro debe describir a través de sus personajes el estado actual de la Civilización. Pero -aunque lo parezca- el mejor libro no tiene que ser necesariamente un *longseller*. Trabaja con audacia, pero sin detrimento *situacional*, el Suceso. Haz que tu personaje exprese su motivo sea un acto brutal o una simple lagrima que sale a la luz después de una extrema mirada.

Con Sucesos bien justificados por Situaciones bien desarrolladas el mejor libro puede ser, después de todo, un *bestseller*.

Cuentos: son cuentos

La vida es un cuento, o por lo menos puede contarse como un cuento. Esto quiere decir que cuando se narra un Suceso o varios, haya acontecido en un breve período de tiempo o sea el cuento de la vida propia, se hace uso de los acontecimientos que ciertamente resultarán, a nuestro criterio, interesantes.

Eso es lo que hace una narración corta: contar de una vez una sucesión de acontecimientos con un lenguaje firme y fluido. En un cuento es riesgoso meterse en esa suerte de disquisiciones filosóficas que suelen merodear en la novelas. Diría que un cuento es un suspiro: una necesidad de decir algo de una vez, de un tirón y por eso no es extraño que muchas de esas narraciones cortas que consideramos clásicas hayan sido escritas de un solo golpe.

Un cuento suele ser una extensión del escritor, una derivación verbal de un suceso corriente en el que ha participado. Por eso debo insistir en que el mejor personaje es el que se construye a partir de uno mismo. Piénsalo: nos hemos tomado años y esfuerzos inauditos por hacerlo creíble en una zona de conflicto, es decir, el mundo habitual, ralo e insustancial, en que cada uno de nosotros hace lo posible o lo imposible por hacerse creíble y realizado. Pero uno es un personaje múltiple y por eso cada cuento nuevo es uno de nuestros múltiples yoes desplegados en unidades indivisibles e idealizados como sólo lo permite la literatura.

Hay un error que no es privativo del cuento, sino que es un error de conducta literaria y este es un error imperdonable -no por la desidia del lector sino por la del tiempo- que es la de confundir persona con personaje. He llamado la atención sobre esto, antes. Cuando se ha tomado una persona como referencia sea como personaje en un relato o como recurso de primera persona (como he dicho, a los autores nos gusta figurar aunque sea indirectamente en nuestros relatos, igual que los directores alguna que otra vez aparecen en sus propias películas), esa persona termina desapareciendo en el personaje que se ha creado a partir de ella y cualquier intento por devolver el personaje al hecho, terminará por dañar irreversiblemente el Relato.

En todo caso el cuento como estructura narrativa no siempre se resuelve en una única bocanada de aire. Uno puede establecer las pautas y esbozar el lenguaje que luego limpiará de polvo y vicios. O puede resolverlo previo en el laboratorio de todas las ideas, escribir una parte, incluso si no es una buena parte, mientras procura un final pues siempre es oportuno tener un final, diría necesario antes de empezar a escribir -pues no hay buenos cuentos sin buenos finales; aún si una novela puede presumir de un final dudoso: un cuento ¡nunca!- y revisarlo luego tantas veces lo amerite. A diferencia de la novela que podrás reescribir tanto como te permitan los años y las circunstancias, los cuentos difícilmente sobreviven a una re-escritura.

Seré enfático en cuanto a la finalización de las narraciones cortas. Si no lo tienes claro al principio, deberás escribir con pensamientos en segundo plano buscando como cerrar tu cuento. Decirte que los finales deben ser sorpresivos induciría un error que conduciría a tu cuento y tal vez a todo lo que escribas a la pobreza. Hay un concepto que he descubierto para definir el carácter de esa terminación: la Suspensión del final. Esta es una manera de expresas que el cuento necesita un cierre dramático. Lo dramático se logra gracias a que el la última oración queda suspendida,como una premisa de un relato nuevo que debería empezar a continuación.

Esta manera de entender el cierre -no tan cerrado- del cuento, soluciona con muy poco lo que la novela resuelve con largas disquisiciones. Por eso suelo poner a mis estudiantes a leer y -más- a escribir poesía antes de provocarlos con otros géneros literarios. Pero hago la salvedad de que el final no es poético y si la poesía muestra su encanto en el cierre de un cuento será por la relación que establece esta Suspensión con el resto del párrafo final en el que se encuentra. Debo dejar aquí este asunto porque necesitas leer y explorar hasta que la Suspensión deje de ser una herramienta para convertirse en una extensión de ti.

Los cuentos narran un Suceso específico y completo aún cuando ese Suceso pueda estar conformado por muchos otros Sucesos. Incluso las Situaciones, es decir, aquellos pormenores sicológicos que impulsan los personajes a tomar una acción, la Situación es vista en un cuento desde la perspectiva del Suceso (la acción física del personaje). Por eso el cuento es un gran ejercicio narrativo. Aún la psicología del personaje debe ser expresada en su comportamiento, en sus acciones, en su movimiento. Gracias a esto, el cuento cuando cuaja, es compacto como la vida no suele ser aunque se diga -y sea relativamente cierto- que la vida es un cuento y los cuentos, cuentos son.

Decálogo del Novelista

1.	Escribe un Título antes que cualquier oración. El Título tiene la curiosa virtud de condensar ideología, trama y poesía en un pequeña frase; un pequeño y encriptado algoritmo que te pertenece y sólo tú puedes descifrar y darle continuidad. Es una composición, aún si es una sola palabra, con una enorme concentración de energía como si se tratara de una estrella de millones de kilómetros encogida en sólo cinco justo antes de estallar.

2.	Determina tu Tema. El Tema no es lo que acontece porque eso es el Relato. El Tema es un sustrato, un valor que establece el eje ideológico del relato. Esto, claro, es un curso completo pero debes al menos intuirlo para lo cual te asisto con los tres principios del Tema:

- Debe ser un valor: Amor (por lo tanto se expresa con UNA SOLA PALABRA)
- Debe llevar artículo: El Amor
- Debe presuponer un opuesto: El Odio

3.	Construye tres buenos personajes principales. Dedicale el tiempo que requiera, es crítico. En general un personaje bien construido -con una rica biografía- te dará material sobrado para escribir. Es igual de importante que consideres en sus biografías las maneras en que se conocieron.

4.	Desarrolla relaciones consistentes entre tus personajes. Como en la vida, cada personaje representa una fuerza. La Fuerza Activa es la que promueve la acción. La Fuerza Pasiva se opone directamente a la anterior. Pero existe una tercera, la Fuerza neutra con la capacidad de aportar energía a una y otra. Esta es la que tiene el enorme poder de generar Progresión Dramática.

5. Desecha la primera oración. A pesar de que surge con relativa mayor facilidad funciona siempre como incitador del mecanismo de escribir. Siempre, SIEMPRE, es mejor la segunda, no necesaria y únicamente en el primer párrafo. Encontrarás con mucha frecuencia que la segunda oración expresaba exactamente lo que pretendías.

6. Trabaja varias líneas argumentales. De hecho cada personaje es en sí mismo una línea de desarrollo, digamos, independiente, que puedes proyectar incluso lejos del asunto que ocupa tu novela. Eso le da movimiento y versatilidad. Para devolverte al camino que te interesa tendrás siempre presente cuál es tu Tema, eso te regresará algo de cordura, si es que necesitaras algo así.

7. Haz de tu personaje de Fuerza Activa de esa Triada Principal que has concebido, el portador del Tema. Digiere esto con calma. Este personaje debe expresar el ESTADO ACTUAL DE LA CIVILIZACIÓN. Si tu novela no expresa esto se vuelve baladí e insustancial.

8. Escribe sin buscar un estilo. El estilo es la obra. Sí, el estilo importa. Importa mucho porque la manera en que se escribe puede dinamizar o provocar lecturas aburridas. Pero en realidad el estilo no es una búsqueda sino la condensación de muchas búsquedas. Diría que deberías investigar algo de estilo con cuentos y poesías pues escribir novelas con dieciocho años no suele conducir a exitazos literarios.

9. Lee, mira, disfruta obras de arte en cantidades industriales. Diversifica tus gustos. Aprende un poco de todo. Pero sobre todo, sé un observador agudo porque cualquier conocimiento que requieras, cualquier personaje que necesites, lo construirás a partir de las personas que conoces y de las vivencias que hayas tenido

10. Concibe un final lo antes posible. El final es el candil en el extremo opuesto del pasillo. Es, incluso, muy recomendable empezar a escribir sólo cuando tengas previsto un final. Si no lo haces, créeme, se notará.

Decálogo del guionista

1. Escribe un Título pues te ayudará a entender tus motivaciones para escribir tu guión. Pero no te detengas demasiado en esto porque puede disiparse la Idea con que pretendes comenzar. Tener un Título antes que cualquier otra cosa es más importante de lo que parece así que si te retrasa estampa una palabra al menos y sigue.

2. Proponte un Tema. El Tema (lee el Decálogo del Novelista) es el sustrato ideológico del Relato, es lo que le da cohesión. Es de lo QUE a final de cuentas se habla.

3. Enuncia una Idea en UNA ORACIÓN cuya estructura es: A?SP. El personaje activo principal ("A") realiza algo ("?") que conduce a un Suceso Principal ("SP"). Es lo que acontece en el relato llevado a su mayor síntesis posible. Aún no tendrás más que amagos de personajes así que bastará algo como: "Una mujer narra su pródiga vida en unas cartas que ha dejado al desaparecer".

4. Establece tres personajes principales. Uno de ellos responde a una Fuerza Activa: es tu personaje A1. Otro, quien se opone a los intereses de este y responde a una Fuerza Pasiva, es tu personaje P1. En dramaturgia clásica se conocen como "protagonista" y "antagonista". Se supone que el conflicto de estos dos es lo que produce la Progresión Dramática. El Método de Personaje, sin embargo, acepta la existencia de una tercera fuerza, la Fuerza Neutra (N1) como productora de la Progresión Dramática. Ese es tu tercer personaje principal.

5. Desarrolla una Sinopsis. Aquí se extiende la oración del punto 3, La Idea, a UN PÁRRAFO. Incorpora a los personajes de Fuerza Pasiva (P1) y Fuerza Neutra (N1). Ya es el momento de usar sus nombres. El personaje P1 es aquel que se opone a la consecución de los objetivos del personaje A1. Siempre puedes echar mano del Glosario al final, pero lo más recomendable es que leas el capítulo sobre las fuerzas.

6. Desarrolla una estructura de relaciones de personajes basada -según este principio de las tres fuerzas- en triadas. Un personaje activo se relaciona directamente con un personaje pasivo y uno neutro y así sucesivamente. Esto genera una dinámica de relaciones realmente versátil. Sumando tríadas según este principio, puedes mantener el control de tantos personajes como necesites.

7. Construye tus personajes con cuidado y pormenores: Nombre, edad, descripción física, carácter y otros datos de interés (esto corresponde al Comportamiento Social). Desarrolla sus datos sin mezquindad, poniendo especial cuidado en su infancia (estas son las Condiciones del Carácter) que es donde se forma la estructura de funcionamiento y justificará sus acciones en el Relato (te sorprenderá la independencia que pueden llegar a tener en relación con su creador). Puedes usar otros elementos para calificarlos como preferencia de color, música, signo astrológico o cualquier otra cosa que se te antoje interesante. Es importante que en las biografías comiences a relacionar a tus personajes para lo cual te valdrás de la estructura que has diseñado previamente.

8. Elabora un Argumento en no menos de UNA CUARTILLA. En realidad es más útil mientras más amplio sea. En el Argumento introducirás los nombres de tus personajes y contarás el Relato en la manera que será visto por el público, por ejemplo, en una estructura no lineal donde los sucesos no se cuentan cronológicamente a fin de producir mayor Crecimiento Dramático.

9. Desarrolla tres líneas argumentales: la primera es tu Línea Argumental Principal (LAP). Es la que conduce tu personaje A1. La linea argumental son los acontecimientos relacionados entre si en un orden lógico y referidos específicamente a un sólo personaje. Técnicamente cada personaje es en sí mismo una línea argumental pero al relacionar directamente a varios de ellos los conviertes en parte de un mismo contexto. Mientras tanto puedes usar otros personajes con sus propios contextos para generar mayor Progresión Dramática en Lineas Argumentales Subsidiarias (LAS). Es lo que ocurre en las SMD donde los personajes principales están resolviendo un crimen mientras uno de ellos está resolviendo un asunto sentimental y eventualmente otro de carácter terciario introduce un elemento argumental de poca monta.

10. Establece un final desde el principio: orientará mejor la trama.

Decálogo del Poeta

La poesía es el territorio humano en el que toda especulación es válida y ninguna construcción extravagante. La investigación en las interioridades de las emociones que impulsan el poema, en las motivaciones veladas que produjeron el impulso y en la manera en que el poema se manifiesta -su verbo, su lenguaje-, la investigación, decía, la investigación es su propósito.

Pero el sujeto de investigación de la poesía es el poeta, el individuo que escribe y que intenta comprenderse en un mundo que le resulta ajeno. El oficio del poeta no es sólo escribir, si no también leer, vivir e, insisto, investigar. Unos consejos:

1. Lee un Vallejo
2. pero igual aprecia un Haikú
3. Descubre la emoción escondida
4. pero investiga su origen
5. Describe la composición del mundo
6. pero siempre a través de ti
7. Extravíate, no importa, en la forma
8. pero sobrevive al discurso aleccionador
9. Usa palabras olvidadas
10. pero construye el verso más incisivo

Decálogo del Narrador

1. Empieza a escribir tan pronto intuyas una narración. Es una oportunidad que sería un desperdicio postergar porque esa intuición que te ha motivado SIEMPRE ES PRODUCTIVA.

2. Escribe tanto como puedas de una vez. Suele salir un cuento de un sólo golpe. Cuando eso ocurre, el final emerge casi por generación espontánea.

3. Ve urdiendo el final. Nada en el arte puede ser una gratuidad ni del todo espontáneo. El arte es una gota de inspiración (si algo así existe) y un balde de trabajo. Comienza a pensar en tu final desde el principio.

4. Sírvele de referencia a tu personaje. Los mejores personajes se construyen a partir de uno mismo, sea una mujer, un hombre, un niño, un alienígena o una esfera.

5. Escribe sin estilo. Lo que importa es escribir. Hay tres formas de conseguir un estilo: intentar crearlo, intentar re-crearlo e intentar nada. Cn cualquier caso hay que leer como un demente.

6. Haz manifiesto tu asunto de una vez. Muestra de qué trata tu cuento. Tu narración debe atrapar desde la primera línea. Diría que este (y un buen final) son los artificios imprescindibles de un cuento.

7. Ten lista una sorpresa. Algo inusitado moverá tu relato a una zona inesperada para el lector. -cuando muestras tu asunto nunca adelantes tu sorpresa porque es la especia escondida en el arroz.

8. Ahorra adjetivos. Los calificativos constituyen, por decir lo menos, una solución cómoda tanto para el escritor como para el lector. En todo caso el uso de adjetivos NO ES ELEGANTE.

9. Describe con imágenes. Aprenderás a desmenuzar estados emocionales o psicológicos sin calificativos al estilo de "era una tarde maravillosa". Preferirás Imágenes Literarias: "la tarde se explayaba en los tonos del Infinito". Los juicios no son productivos ni en la vida ni en la narrativa corta

10. Has fluida tu narración como un como rio incontenible. Las narraciones suelen ser lineales. Las estructuras con saltos temporales hacia adelante o hacia atrás resultan inconvenientes para un discurso claro.

Viaje a la semilla

(o porqué un relato puede construirse en reversa)

Un ejercicio interesante siempre es hacerse preguntas o UNA PREGUNTA:

¿Por que..?

Preguntemos por ejemplo, *grosso modo*, ¿por qué mi personaje acepta irse para que el novio de la esposa llegue un domingo a su casa?

Respuesta: Porque no quiere que se arrepienta.

Pregunta: ¿Por qué no quiere que se arrepienta?

Respuesta: Porque antes ya lo hizo.

Pregunta: ¿Por qué lo hizo antes?

Respuesta: Porque la esposa usó a su hijo de rehén para hacerlo volver.

Pregunta: ¿Pero por qué debía hacerlo volver?

Respuesta: Pues porque estaban separados.

Pregunta: ¿Por qué estaban separados?

Respuesta: Porque aquella lo descubrió con una mujer en su cama.

Pregunta: ¿Por qué hizo algo así?

Respuesta: Porque no tuvo dinero para llevarla a un hotel

Pregunta: ¿Por qué no tuvo el dinero?

Respuesta: Porque no sabe ganarlo.

Pregunta: ¿Por qué no sabe ganarlo?

Respuesta: Porque no le enseñaron.

Pregunta: ¿Por qué no le enseñaron?

Respuesta: Porque sus padres habían idealizado el futuro

Se puede llegar realmente al fondo de una conducta humana con meros por-qués. Esto no es un vacuo ejercicio intelectual: realmente es una necesidad que tienes como escritor aún cuando no escribas en reversa.

Ese viaje es el que estoy emprendiendo con "La chica HOOTERS". Es la necesidad de construir un universo de implicaciones que justifique aún las acciones más incompresibles de tus personajes. Este tipo de estructuración, esa ilación consecuente, realmente produce consistencia y -el verdadero fundamento de un personaje- credibilidad.

Omne initium difficile

Si quieres empezar a escribir es porque has tenido una ínfima epifanía que te ha convertido en un co-Creador del mundo. Tal epifanía -esa intuición- es valiosa aún cuando parezca descabellada.

A partir de esta iluminada iniciativa debes construir un mundo inclusivo, es decir, un universo que lo incluya todo. Ese todo es el cosmos del personaje A1: sus relaciones primordiales y sociales, su contexto general y las circunstancias particulares. Este cosmos se entiende en la visión clásica de una totalidad organizada y autojustificada.

Si esto se comprende en todo su alcance no importará cuan mucho o poco se escriba porque siempre habrá una percepción de unidad. Igual que al mirar una superficie irregular de hielo mostrándose sobre el mar intuirás el gran volumen subyacente: una décima parte de la enorme masa congelada e invisible bajo el mantel de agua.

La imagen de un iceberg es ilustrativa del trabajo de un escritor porque aún cuando no desarrollara literariamente ese inmenso tejido que es la Historia tu obtendrás la conciencia -si es que algo así existe- de que no hay acción del personaje que no tenga una justificación histórica.

Debo reafirmar la imagen del iceberg: el masivo hielo que se oculta a la vista de espectador es la Historia. La porción que deja ver es el Relato: lo que en definitiva el perceptor (el lector, la audiencia) puede apreciar. La masa oculta está compuesta por la urdimbre de relaciones de los personajes principales. Esta madeja tiene implicada las circunstancias de tus personajes y las Condiciones Iniciales del Relato.

La masa subyacente es lo suficientemente grávida para mantener un pequeño pico flotante de manera mas o menos estable. Es el enorme contrapeso del pedazo visible. De tal suerte, mientras mayor sea la punta, bastante más grande será el contrapeso. Definitivamente es una excelente imagen para comprender en qué consiste esta labor.

La Idea que promueve empezar a escribir tiene suficiente información para que de ella se derive una Historia rica y coherente de la cual emergerá un Relato consistente e interesante.

En principio cualquier hecho insustancial puede provocar el acto de la escritura como, por ejemplo, el que se conozca a una persona con quien se estaría dispuesto a comprometer un poco o mucho de tiempo vital. Esto en principio, es un asunto menor aunque la televisión, la literatura más vendida y hasta la propia vida esté saturada de promesas de un amor rosa. Lo que lo convierte en insustancial una relación humana es la reducción del individuo a ese único acontecimiento, como si la vida pudiese, efectivamente, expresarse solamente en un suceso romántico.

Es cierto que, usualmente, lo emocional es la condición de prácticamente cualquier decisión vital. Por eso no es extraño que los discursos generales (desde los mediáticos hasta los políticos) apelen continuamente a las motivaciones asociadas a mecanismos emocionales. Por ejemplo, en el Relato comercial, el amor se ve asociado al matrimonio.

Es cierto, esto hace que el Tema por excelencia del Relato comercial sea El Amor, por lo menos la visión sesgada del amor como contrato social. Basta con apelar a la seguridad, la fidelidad y el perdón para que el perceptor se identifique con la ideología que promueve el Relato. Es un Tema abusado. No voy a implicar con esto que deberías desecharlo del todo. De hecho, como te he mostrado antes, cualquier valor con un opuesto, puede ser un Tema.

Como asunto para una novela o cine de autor es funcional si se comprende el Tema como uno de los enunciados de un sistema de creencias, de tu cosmogonía, la Idea, a partir de este, como el principio con el que vas a construir tu mundo inclusivo, y a tus personajes como un sistema de interdependencias. "La Chica HOOTERS" intenta explicar las condiciones de un personaje, las circunstancias que construyen una historia invisible y que perfilan un relato probable. El tema es La Circunstancia. Si el tema fuera El Amor, el relato consecuente sería necesariamente otro.

Esto es algo que debes comprender: La Idea muestra una pista para el lector. Para el autor que ha expresado con ella un universo de intenciones, motivaciones y circunstancias imposibles de describir en una oración. La Idea contiene la suficiente información, diríase que la suficiente energía, para iniciar y dar continuidad al acto de escribir.

Es por esto que no basta la epifanía: la Idea hay que comprenderla. Siempre se debe investigar la motivación que le dio origen. En el caso de "La chica HOOTERS" la motivación que le dio inicio estaba fuertemente relacionada con una intensión sexual hacia una persona que había conocido en la época en que se circunscribe el primer párrafo. Es presumible que la sexualidad del personaje matice en algún momento de manera consuetudinaria el Relato. Una motivación encontrada es una verdadera fuente de inspiración, si es que algo así existe.

Comprender la Idea supone una verificación de la motivación que le dio origen; supone el hallazgo de por lo menos el personaje A1 y supone el establecimiento de un Tema.

La información que proveen inicialmente estos tres elementos es contundente y permitirá un arranque con el impulso suficiente fuerte como para llegar hasta la mitad del Relato. No es poco, por cierto. Después de todo, como dice el dicho latino, todo comienzo es difícil.

Empezar por el personaje. Si no se tiene una Idea, una manera de empezar a escribir es concibiendo un personaje. De hecho un buen personaje puede proveer de material ilimitado para escribir toda una serie literaria o televisiva.

De un personaje es propicio argumentar su infancia que es donde se construyen la mayoría de las actitudes que terminan conformando la personalidad de un individuo. Te lo he dicho siete veces. No importa. Aún antes que esto se deberá hacer una descripción física y caracterológica. Finalmente las justificaciones de su relación con otros personajes antes del comienzo propiamente dicho del Relato.

No se trata de una mera cronología de sucesos tal cómo correspondería a una biografía, sino a un completo estudio que hagan comprensible su personalidad para el escritor en tanto que para el lector o la audiencia, las generalidades justificatorias de su comportamiento en la trama. Sí, el destinatario es el perceptor, pero las justificaciones para el escritor; en primer lugar para el escritor.

Un ejemplo:

Elisa. 22. Baja estatura. Trigueña. Bien formada. Sumisa mientras no explote pues se vuelve incontenible y suele decir cosas de las que luego se arrepiente.

Era una niña cuando conoció a Samuel. Es de formación católica. Hace unos pocos meses está viviendo con la madre después de recibir una tremenda golpiza por parte de una de sus hermanas mayores para quien trabajó como doméstica por varios años.

Sus años de estudio transcurren con mucho éxito académico. Encontrándose a mitad de la secundaria, y ya entrada su adolescencia, su madre se vuelve muy desconfiada y le hace acusaciones injustas, por lo que se empieza a formar en Elisa un fuerte rencor hacia aquella. Solo sueña con el día en que pueda salir de allí. Ya para entonces empieza a interesarse en algunos muchachos de su escuela. Tiene un sueño repetitivo en el que huye de su casa con un joven.

Asume una actitud de repudio para todo aquello que implique labores domesticas. Se vuelve poco colaboradora, especialmente con Norma, con quien se siente aún comprometida a hacerle de empleada siempre la solicita. Cada vez va teniendo menor importancia para ella la vida de Norma y su familia. Comienza a negarse a realizar ese tipo de labores restringiéndose al ámbito de la casa la madre, especialmente cuando se le hace insoportable el desorden reinante, frecuentemente en medio de sus propios gritos y mientras golpeaba con rabia mesas y aparadores con la escoba que barre. Los fines de semana cuando esta su madre en casa, casi no realiza nada, lo único que le importa es leer y estudiar. Con frecuencia se escuda en el estudio para salir a casa de alguno de sus compañeros de estudio. Estos encuentros se convierten en conversaciones y juegos de mesa. Si realmente hay una tarea que realizar, la hace por la noche sola.

Ya para entonces ha empezado a preocuparse por su figura y ha empezado a negarse a comer ciertos alimentos. Conforme ha ido creciendo se ha ido sometiendo a mas y mas regímenes dietéticos y de ejercicios. Lo que más le gusta es leer y puesto que no dispone de un buen lugar en la casa debido a la continua algarabía de sus hermanos, se repliega a pequeños rinconcitos de la casa pasando desapercibida. Es poco habladora, pero sigue siendo una devoradora de libros, sobre todo aquellos que le exige el colegio, llegando a aprenderse algunas partes de memoria. Cuando lee El Quijote, hace resúmenes, mapas de rutas del Quijote, cuestionarios de preguntas y respuestas, síntesis de capítulos enteros, que luego facilitaba a sus amigas Jessica y Yamileth, las cuales se sirven de ella, pero le quedarán como amigas toda la vida. Por el momento la consideran aburrida y por más que porfían no logran sacarla de su esquema de vida. Mientras tanto Elisa procura atender sus propias necesidades e impulsos, los cuales son mayormente una enorme necesidad de aprender y hacer, en un muy limitado mundillo -en el que lo único importante es lo vano-, rodeada de gente igual de vana.

A Elisa le gustaba la amistad con Jessica porque es muy alegre y le gusta jugar de personajes, como haciendo teatro, se divierten mucho remedando personas que conocen y recreando personajes. Siempre están sonriendo y cuando Jessica llama la atención de Elisa por sus excesivas carnes, lo hace como si fuera broma. Elisa no le da mayor importancia. Sin embargo, después cuando esta sola consigo misma, las palabras de la amiga producen el efecto de volver a Elisa cada vez recelosa con su peso. Aún así, ambas han aprendido a aceptarse como son.

En la medida que Elisa va abandonando sus crisis de adolescente, se vuelve manipulable. Vuelve a mostrar disposición y energía para atender solicitudes de tanto de su familia como de otras personas, como sus amigas que se aprovechen para que le haga todo tipo de trabajo del colegio, mayormente en detrimento de si misma, ya que se agota explicando a otros o haciendo las tareas que no son su responsabilidad y luego no le alcanza el tiempo para estudiar lo suficiente y sus calificaciones bajan, por lo que se ve obligada en sus últimos años de colegio a encerrarse en un cuarto para estudiar. Está a punto de perder su año y su madre y familia no pueden enterarse de esto.

Este tipo de actitud servicial trae consigo un nuevo escollo para Elisa ya que la madre la proyecta como una hija que en la que tendrá apoyo económico para ayudar a salir adelante a las otras hermanas. Así que se ve obligada a hacer algunos trabajos esporádicos para pagarse sus uniformes y libros en el periodo de vacaciones del colegio.

Un día le avisan que ha ganado una beca de la Alianza Francesa para estudiar francés, la cual incluye un viaje a Francia como intercambio estudiantil, pero la madre se opone terminantemente provocando tal vez la primera gran frustración de la vida de Elisa. Para entonces fortalece la idea de que para llegar donde quiere seguramente deba huir de su casa. Así que alberga el sueño de llegar a dominar la lengua francesa y tal vez llegar a viajar a Francia o a cualquier otro lugar del mundo algún día. Por ahora la vida se reduce para ella a las dificultades con que se ha encontrado siempre y a sus sueños de lograr ser alguien reconocido como una actriz, una escritora, una bailarina. Sueña y se esfuerza porque confía en sus fuerzas y sabe que se basta ella misma para lograrlas. No obstante, cuando termina el colegio y quiere estudiar actuación en la universidad estatal toda la familia encabezada por la madre se le opone nuevamente.

También se le opone la sociedad, porque la adaptación a la Universidad no resulta fácil. No logra hacer amistades y se encuentra sola, inmersa en un mundo del que apenas tenía referencias, sin contar con el apoyo de nadie.

Por esta época camina dos horas diarias para llegar a la universidad y pasa todo el día sin llevarse bocado a la boca. En su lugar recibe la presión constante de su madre que pretende se convirtiera en enfermera o que deje los estudios y se ponga a trabajar, porque posiblemente sólo está perdiendo el tiempo. La presión es tan grande y la desazón tan arraigada que termina por abandonar la universidad. Aprovecha una exigua oportunidad que surge y comienza a trabajar en un Supermercado de cajera.

Así que cuando se vuelven estables sus ingresos, ajustándose el cinturón al máximo, matricula en una universidad privada optando por la carrera en boga: Administración de Empresas.

Entonces la madre no tarda en solicitarle una mesada y al mismo tiempo, ya que no está estudiando lo que ella quería, se desentiende totalmente de su suerte a tal punto que sabe donde trabaja la hija pero no que es lo que estudia.

En la universidad ella se ha ganado el aprecio de profesores y compañeros. A duras penas logra cubrir los costos, no solo porque son altos, sino porque se ha convertido en la "apagafuegos" de los problemas económicos de su casa que tienden a ser interminables. A consecuencia de esto viste y calza muy mal. De vez en cuando logra ir al cine, lo cual se ha convertido en el único respiro en su opresiva vida. Cuando finalmente se ve imposibilitada para costearse los estudios, no le queda mas remedio que estudiar por medio de un crédito de una institución estatal que presta dinero para estudiar.

Para entonces Elisa mantiene a escondidas un romance con el hermano de Yamileth, el cual no la toma en serio por supuesto. Así que después de pensarlo mejor decide buscar otras opciones. Así va teniendo relaciones cortas e improductivas en la que no llega a interesarse en nadie. Mantiene un poco la obsesión por Alexander, ya que este tiene ciertas manías que despiertan sus instintos, pero con el que no se esta dispuesta a tener una relación sexual, tal y como el la invita a tener, a menos que este la tome en serio, tiene un presentimiento y miedo porque esta segura que una vez que Alexander la tome, dejara de interesarle y no quiere ser utilizada.

Otros: Escorpión. Azul. Miope.

Circum stantia

> ¡La circunstancia! *¡Circum-stantia!* ¡Las cosas mudas que están en nuestro próximo derredor! Muy cerca, muy cerca de nosotros levantan sus tácitas fisonomías con un gesto de humildad y de anhelo, como menesterosas de que aceptemos su ofrenda y a la par avergonzadas por la simplicidad aparente de su donativo. Y marchamos entre ellas ciegos para ellas, fija la mirada en remotas empresas, proyectados hacia la conquista de lejanas ciudades esquemáticas.
>
> Yo soy yo y mi circunstancia, y si no la salvo a ella no me salvo yo.
>
> José Ortega y Gasset

El personaje, igual que el individuo corriente, es su circunstancia. No hay mejor lección que la vida propia para entender esto. El individuo, lo que lo individualiza y hace único, es la manera en que responde a su entorno, lo cual a su vez ha sido propiciado por anteriores condiciones. En esto hay un ritmo apenas comprensible y una ley. Quiero nombrala como Ley de la Periodicidad, una ley que explicaría por qué un individuo cada cierto número de meses o de años agota un cierto cúmulo de posibilidades. Esto como expresión mayor de micro períodos sicológicos que pueden durar meses, semanas, minutos o segundos antes de que se produzca un cambio de comportamiento, una variación menor que presupone un cambio vital.

Me inquieta asumir la idea de que, efectivamente, uno se comporta como un dios menor cuando establece a su personaje los parámetros de relaciones con otros personajes y las condiciones generales y, peor, particulares de su actuación. Podría derivarse de esto -por analogía, por derivación lógica o porque a alguien le enseñaron que la Creación es un hecho universal- que el escritor reproduce en definitiva con un millardo menos de grados de libertad, el comportamiento de un

Cosmos inteligente. Lo cual es una propuesta de dudosa obviedad si se considera que la idea de Dios entra razonablemente en la condición circunstancial de toda creencia.

Por eso, cuando un personaje es construido en sus meras bases -su infancia, su relación biológica con sus progenitores, su entorno inmediato, luego mediatizado por la escuela y por la sociedad circunscrita a una cultura y eventualmente a una ideología- el personaje se convierte en algo denso, consistente y casi dolorosamente coherente. Un personaje así construido adquiere una conducta que escapa de la ideología y las prerrogativas del escritor ya que solo puede funcionar de acuerdo a esas Condiciones Iniciales.

Las Condiciones Iniciales son las circunstancias en las cuales el personaje A1 comienza a desarrollar la trama. Por ejemplo, un muchacho regresa por unos días al país por el cumpleaños de su padre. No conocemos los antecedentes del inicio del Relato. Puedo presentar un eterno complejo en el que la familia se encuentra enfrascada en algunos entuertos generados por la entrada en su entorno de jugadores. Esos otros personajes están aprovechando la plataforma comercial que aquellos han montado por largos años para intentar copar el mercado local. Pero esta familia tiene sus secretos del que han mantenido alejado al Benjamin que recién regresa.

Así he planteado las Condiciones Generales de un Relato. Si tomos los indicadores de la época en que vivimos, podría sentirme inclinado a resolver, por lo menos una parte del Conflicto con acciones violentas. Pero, digamos, que me interesa un relato resuelto en otros términos: ya hay bastante carga de violencia en los medios. Digamos, entonces, que dentro de mis Condiciones Generales, hay un hecho consustancial a esta familia: Casi todo el imperio que han levantado lo han hecho gracias a la violencia y, justo en el punto en que comienza el Relato, dejo establecido que es algo que ya no hacen. Esta circunstancia, por sí misma, es un planteamiento argumental que establece una condición general del Relato.

En las Condiciones Generales uno puede establecer una serie de variables como arquetipos de funcionamiento del personaje o de un grupo de personajes, que te obligará a desarrollar Sucesos específicos.

L a Paradoja del Titanic, que he dejado como en un descuido más arriba, expresa justamente el carácter de las Condiciones Generales. Jack debía ser un chico carente de recursos y aventurero. Es el par de variables que harán que una bella muchacha que se considera prisionera de sus propias circunstancias, encuentre en este chico una salida moralmente cuestionable en los términos de una Europa, a pesar de sí misma, todavía victoriana, pero dentro de una ética solvente en los códigos de la cultura que produjo la película. En la estructura narrativa del filme, que pareciera una suerte de matrioshka (una figurilla de madera dentro de otra, dentro de otra, dentro de otra), el Relato se encuentra dentro del la Historia del Titanic (el lujoso y ya no tan grande navío en comparación con los que se construyen actualmente, chocará y se hundirá) y esta (Historia) dentro del Mito de su hundimiento representado por la búsqueda del famoso diamante rosado.

Pues bien, lo que le da consistencia dramática a esta estructura narrativa es, precisamente que Jack y Rose se conozcan y se enamoren. No tendía ningún sentido que el Titanic se hunda si con ello no se resuelve el conflicto de este amor. Eso es lo que expresa la paradoja.

El cambio de circunstancias en un Relato establece de hecho el mecanismo de su Progresión Dramática. Así que, por ejemplo, si una mujer muere en una calle de Nueva York, en la pero indigencia y luego su hijo descubre que tenía riquezas acumuladas de una envergadura que la colocaba entre los individuos más adinerados de su época, el

Relato del heredero que termina dilapidando la inmensa fortuna ya tenía en sus Condiciones Iniciales un planteamiento argumental realmente poderoso. He tomado un caso de la historia del siglo XX que fue pródiga en relatos de este tipo (personas de grandes fortunas y de vida miserable como la de Hetty Green).

Un ejercicio interesante es cambiar el contexto del personaje, sea por el entorno, sea por algún tipo de restricción física o anatómica. Las manías obsesivas de Melvin Udall (interpretado por Jack Nicholson) son las Condiciones Generales del Relato "Mejor imposible" de James L. Brooks. Cuando entiendes bien esto, comienzas a usarlo a tu favor. Piénsalo. Cada personaje introduce en el relato sus propias circunstancias. Para personaje produce su propia incidencia en la trama.

Claro que esto no ocurre sin el control del escritor que para eso es el demiurgo del Relato. Hay algo de fatalismo en un personaje como fatal es el individuo corriente que una y otra vez se enfrenta aún a coyunturas disímiles, con las mismas engañosas ideas y vanos comportamientos. Hay mucho de programación social en esto y, lo siento, muy poco de divino.

Algunos consejos adicionales

- Describe en primer lugar a tu personaje A (en otra entrada hablo sobre los tipos de personajes) : es el que mejor conoces (muy probablemente lo has ido construyendo sobre ti mismo),
- Describe a los personajes siguientes en los mismos términos: Características,Gustos, Historia, Circunstancia, etc.*OJO: El personaje no es la persona,
- Procura que las partes sean proporcionales (capítulos, secciones, escenas, etc).
- Lee buenas novelas, artículos de opinión, cuentos y demás.
- Desconfía de los bestsellers de moda.
- Observa mucha pintura y arte en general.
- No importa cual medio o qué género elijas, sea televisión, cine o literatura, tu obra debe reflejar el estado de la cultura.
- Lee como un loco.

Recomendaciones por razones literarias

- Cuento "El Aleph" de Jorge Luis Borges
- Novela corta "Farenheith 451" de Ray Bradbury
- Novela "El juego de abalorios" de Hermann Hess

Recomendaciones por razones técnicas:

- Hamlet de Willian Shakespeare
- El gesticulador de Rodolfo Usigli

Recomendaciones por razones culturales:

- Reflexiones "Conversaciones con un extraño hombre llamado U.G. Krishnamurti"
- Estudio antropológico "Viaje a Ixtlán" de Carlos Castaneda
- Novela empresarial "Cadena Crítica" de Eliyahu Goldratt
- Estudio psicológico "Summerhill" de Neil.

Recomendaciones de filosofía:

- En español: José Ortega y Gasset. Filosofía en español por una excelente pluma del siglo XX. Sus reflexiones hacen viajes extraordinarios desde lo contemplativo. En ese sentido recuerda en ocasiones a esa condición del pensamiento de la que parece partir las ideología llamadas orientales.
- En ruso: Merab K. Mamardashvili. Muy denso como toda la filosofía de la época soviética. Tiene un pequeño discurso en francés titulado "La responsabilidad europea". Ese tipo sabía de lo que hablaba. Ese discurso termina con una frase tremenda: "l'homme est un très long effort" (El hombre es un muy largo esfuerzo).

Recomendaciones de buen cine (selección hecha a partir de criterios mixtos):

- El ciudadano Kane de Orson Welles (E.E.U.U.).
- Hombre mirando al sudeste de Eliseo Subiela (Argentina).
- Amadeus de Milos Forman (E.E.U.U.).
- Fitzcarraldo de Herzog (Alemania).
- Mi tío de América de Francois Renoir (Francia)
- Solaris de Andrei Tarkovsky (Unión Soviética)

- Ve y mira de Elem Klimov (Unión Soviética)
- Brazil de Terry Gillian (Inglaterra)
- Monthy Python en busca del Santo Grial de Monthy Python (Inglaterra)
- Derzu Urzala" de Akira Kurosawa (Rusia-Japón)
- Microcosmos, Le Peuple de l'herbe" de Claude Nuridsany y Marie Perennou (Francia)
- Fanny y Alexander" de Igmar Berman (Bélgica)
- Yo sé que te voy a amar" de Arnaldo Jabor (Brasil)
- Frida de Paul Leduc (México)
- El perro andaluz" de Luis Buñuel (Francia)

Recomendaciones televisivas:

- Due South: Personaje coherentes y relaciones consistentes.
- Expedientes X: Guiones impecables, sobre todo los de Cris Carter. Excelente para un estudio del mito (por ejemplo: el complejo mito de las razas extraterrestres y sus relaciones ocultas con el gobierno desarrollado aquí).
- Aly McBeal: Extraordinaria versatilidad de los personajes.
- Las aventuras de Aladar Mesda. Es una maravillosa serie de animados sin continuidad con relatos muy imaginativos. Si es húngaro y ya había nacido hace treinta años, sabrá a qué me refiero.
- Breaking Bad. Personajes que sirven para entender una estructura de fuerzas. Entra y salida de personajes. Guión impecable

La percepción que los demás tienen de ti difiere, por mucho, de la imagen en la que te regodeas

Ninguno de los principios del Método de Personaje han salido de la mente inquieta e ilustrada de un artista-filósofo. Las ha producido la propia "realidad" (lo que quiera que esto signifique) en la percepción del atribulado tipo que le dio nombre a este sistema de elaboración de guiones y novelas. Bueno, dirás, es tu interpretación del asunto.

De hecho, TODO ES INTERPRETACIÓN, así que eventualmente entendería que los modos de comportamientos que describe un personaje según El Método es la constatación de que las personas interpretan su vida de una manera diferente a como la interpretan quienes se relacionan con ellas. La interpretación es un mecanismo cultural que modela la conducta.

No intento ponerme filosófico: esta entrada es una catarsis, un -tal vez- vano intento de exorcizar los demonios que algunas personas liberan delante de tu puerta para que se cuelen en tu vida al menor descuido. (Esto ocurre especialmente con las personas que te importan y a las que les importas). La familia -¡ah, este es otro asunto!- en nombre del amor pueden hacer o hacer pasar por alto cosas innombrables; esas cosas que terminan convirtiéndose en cadenas de elefante.

En alguna ocasión escuché que en los circos se usa una fuerte cadena para que las crías de elefante no se escapen. Las clavan al suelo con firmeza de manera que no haya fuerza bruta que la libere. Cuando el elefante crece, basta con ponerle una cadena sin mayores fortalezas con un débil anclaje para que el animal no haga el menor intento de fuga.

Antes que cualquier otra, la primera institución que incide en la formación del carácter es el castigo. Es sin dudas la mayor cadena de elefante que termina modelando nuestro funciomiento. El comportamiento humano es normalizado gracias a esta.

El Método de Personaje tiene un principio que suelo evocar continuamente que es el carácter inamovible del personaje. Es un principio poderoso sin el cual no se puede articular ningún relato consistente. Este principio supone que uno, como escritor, modele caracterológicamente al personaje (algo que he considerado en otra entrada) diseñando las condiciones iniciales de su existencia. A partir de entonces el trabajo del escritor es el de generar las circunstancias en que el personaje tendrá, de acuerdo a esta estructura de comportamiento que le hemos establecido, su ámbito de acción.

Cuando había pensado en esto para articularlo en un método, eventualmente reparé en que tenía, más cerca de lo que me gusta admitir, un verdadero "caso de estudio". No soy de los que anota en bitácoras ni se ampara en investigaciones previas, prefiero considerarme un buen observador (primero de mi mismo que es por donde empezó todo esto).

El caso, clásico para mí, es el de la niña esclavizada por una hermana mayor (es el personaje de mi primera novela) en medio de condiciones semi-marginales en un ambiente suburbano del siglo XX. Esta niña recibía palizas frecuentemente fuera porque las ollas no brillaban, o porque le gustaba leer o porque la hermana recibía de su marido sus propias palizas (y por catarsis la replicaba en la hermana).

Esta niña quiso aprender otro oficio que no fuera el de empleada doméstica y un día, cuando fue arrojada contra la pared y todo el barrio escuchó el golpe y la caída inconsciente, la madre no pudo decir más que no sabía y se la trajo de regreso con ella. Pero esta niña ya tenía una misión que le había otorgado la madre (tal vez por eso la envió en entrenamiento con la hermana); esta niña la cuidaría en su vejez y aún cuando creció y hasta sacó una carrera universitaria, estuvo asistiendo a la señora en sus achaques y chantajes hasta un día.

La noción de castigo tiene el hábito del humo. Es definida apenas sale del cigarrillo para convertirse en miasma. Una vez que se vuelve etérea, tus neuroreceptores dejan de percibirla (se acostumbran) y únicamente quien te visita repara en el desagradable vapor que te circunda.

El castigo hizo que esta niña superara algunas de sus condiciones iniciales: las tareas las finalizaba a costa de sí misma: cual elefante estaba convencida de que si no las terminaba algún tipo de castigo, social o divino, le acaecería.

Esta niña se enamoró de un hombre (esta es otra novela) y este hombre terminó de sacarla del circulo vicioso en que la madre la mantenía en movimiento aparente. Entonces la odiaron (la madre, las hermanas y los allegados). Una de la hermanas, por cierto, se convirtió en la pequeña diosa de la casa porque se fue con su carrera lucrativa a vivir su vida y la vida de la madre la complementa con su poco de dinero.

La niña, por su parte, siguió visitando a la madre para escuchar reclamos sobre el hombre que le había ayudado a salir del círculo y sobre ella misma. Siempre que la visitaba no llegaba en plan social, iba a hacer oficios (domésticos, si hace falta la aclaración) y por su puesto no recibía el menor agradecimiento por ello.

Sin embargo (recuerda la imagen del elefante), cuando por rencor la madre, las hermanas y media mitad de ese pequeño mundo, le "pidieron" que se castrara, la niña, que ya había superado los treinta, bajo la misma égida del castigo permitió a su hermanita médico (sí, la de los buenos ingresos), inhabilitara su capacidad de generación vital.

Toda una telenovela.

La condición del diálogo

Cinco minutos antes de irse a su oficina una mujer le pide a su marido que salga de su vida. Es evidente que se ha tomado su tiempo para concebir esta formulación. Así que administra cada uno de sus recursos (palabras, expresiones, postura y hasta pensamientos) para ofrecer una completa imagen de la ecuanimidad.

Esta mujer sabe lo que está haciendo.

No ha sido una conversación banal, ni siquiera el punto álgido del último encontronazo. Si hubiese que escribir un diálogo resultaría sin duda una conversación breve; en cambio larga y circunvoloide como suelen ser las rutas de los matrimonios construidos sobre los mitos que genera la cultura.

No es sobre el matrimonio que trata esta entrada porque eso es un logro de la economía antes que de la cultura que le da soporte y debe ser territorio de disquisiciones de una antropología que que no se ha hecho. Tampoco es sobre los mitos o El Mito, que merece un sitio diferenciado y que El Método reconoce como el ámbito en el que la Historia emerge y que nunca abarcará del todo.

Sin embargo, cuando se quiere construir un diálogo que promueva la acción dramática (es decir que lo que se diga conduzca más tarde a un nuevo e imprevisible acto del personaje), se deben comprender estás dos zonas, una incluida dentro de la otra (la Historia en el Mito), para formular un grupo de condiciones del diálogo:

                ELLA
    Voy a decirte algo que has estado esperando

EL

Sí.

ELLA

Voy a decírtelo ahora que tengo la voluntad y la energía para enfrentar las consecuencias... Quiero que te vayas.

EL

Nadie merece vivir así...nadie.

ELLA

No tiene que ser ya... Necesitas ver a donde vas a ir... Ojalá no afecte mucho a nuestro hijo...

EL

¿Por qué lloras? Sabíamos por donde venían las aguas... Era cuestión de tiempo...

ELLA

Yo no quiero pero ya no te tengo confianza...

EL

Lo que no puedes hacer, lo que no puedes volver a hacer, es tirar tu angustia, tus rencores a los pies de nuestro hijo... Él deberá entender... Es algo que ocurre todo el tiempo... que ha visto que ocurre...

ELLA

> Es difícil para mi, muy difícil... ¡Te he querido tanto!

La propia estructura del dialogo, aún sin intenciones marcadas, permite esbozar un relato rico y complejo:

- Existe un antecedente como condición de este diálogo. Es un hecho precursor que podría estar presente en el Relato (lo que conoce el perceptor) u oculto en la Historia (a donde el perceptor sólo puede tener acceso mediante el Relato).

- Es una situación calma; se atiene al tono pausado y las palabras escogidas, al mismo tiempo que intensa (eso puede mejorarse, claro) si se asume el rico mundo emocional que deja traspasar.

- Sin embargo, lo más importante para mí es que promueva alguna acción física aunque sea sutil. No es este el caso donde ella llora. No se especifica, no ha sido marcado, de qué manera lo hace (LLORA CONTENIDAMENTE, SOLLOZA, LLORA DESESPERADAMENTE, etc.; cada intención puede generar un relato diferente), nos importa por el momento que en cinco líneas se haya generado una acción expresada en "¿Por qué lloras?".

Es consuetudinaria la dificultad para producir diálogos entre guionistas y realizadores. Me asombra por el hecho de que esa es una carencia de conducta: una limitación de la observación como mecanismo cognitivo. Es que quien escribe está obligado a ser un observador agudo y perspicaz de todo en lo que participa y en primerísimo lugar de su propia actividad.

Un buen diálogo debe tener la capacidad de expresar la riqueza mundial del personaje de quien procede. La virtud de un diálogo se encuentra bastante lejos de decir "cosas inteligentes" sino antes, de hacer coherente y creíble al personaje. No hay atajo para esto. Sólo la observación puede resolverlo.

No hay persona por sosa que no tenga su instante de gloria, así como por lo menos una expresión soez en cada reconocido genio.

Mover las fichas de lo resueltamente mundano y lo aceptablemente divino es la verdadera artesanía del diálogo: hacia un lado la chabacanería, hacia el otro casi siempre la mojigatería (aún se pinte en tonos lilas).

En todo caso y es una generalidad, los diálogos en casa, entre marido y mujer, suelen ser poco literarios y mucho menos inteligentes.

De manera que -eventualmente- esta mujer entra al baño donde el llanto ya no es más contenido. Luego sale a la calle con todos sus pedazos. El hombre del diálogo decide reconstruirlo para alguna imaginaria novela mientras cuestiona sus próximos pasos.

Hay tres aspectos de un guión que lo hace especialmente atractivo. El primero de ellos es la construcción de personajes consistentes y versátiles. El segundo es el desarrollo de situaciones las cuales, aún cuando se trate de una película de sucesos, le otorga a los personajes un desarrollo psicológico más amplio e interesante. Y luego, claro, los diálogos. Después de la imagen, el diálogo es el mejor mecanismo de composición de personajes: los delinea, los matiza, los enriquece... Y hace los mismo con toda la película.

El dialogo nunca es complementario. Cuando un personaje irrumpe en una escena de silencio es porque esa frase era imprescindible. El dialogo es la estructura social del pensamiento ya que establece de facto el mecanismo de interdependencia de un individuo con otro. Comprender esto es lo que le permite a un escritor falsificar un diálogo, quiere decir, construir una conversación sin que resulte falsa. Falsificado, no falso. Así que la condición de la falsificación es la OBSERVACIÓN y la condición de la observación es la ATENCIÓN.

Un ejercicio de escritor es construir diálogos y conducirlos a zonas insospechadas de la conversación en situaciones de su vida cotidiana explorando cuan rápido se llega o cuanto control tiene sobre esta. Es una práctica hasta peligrosa y la mar de veces gratificante.

El diálogo puede promover la acción física permitiendo que una situación se convierta en suceso. Puede revertir el suceso en situación otorgándole a los personajes mayor contenido psicológico; si bien debe comprenderse que un suceso bien manejado dibuja también al personaje. En el primer caso, acumula energía, en el segundo la disipa. También puede el diálogo generar un gap, un vacío en donde las cargas se re- acomodan, en donde la energía se reorienta a favor de uno u otro personaje en virtud de un mayor movimiento dramático.

Un escritor que no esté atento a la manera que él mismo suele relacionarse verbalmente con las demás personas y como cada persona de su inmediato entorno se relaciona con otros, es poco lo que puede. Leer ayuda -ayuda mucho- pero vivir atento, eso no tiene parangón.

Breviario del Documentalista

Acerca del guión

- Cualquier IDEA, por insulsa que parezca puede servir de punto de partida para la confección de un guión.

- La idea es la expresión sintética de una ideología que surge en la mente del realizador como una simple imagen. Una Idea es coherente y EFICAZ sólo si puede ser expresada en una oración.

- Un guión es el máximo desarrollo de una idea y sirve como guía de trabajo a aquellos que llevan a vías de hecho la obra audiovisual.

- Sea para una obra audiovisual documental o ficción, lo que distingue una anécdota con contenido de una anécdota baladí es el Tema. El tema NO ES lo que acontece en la obra audiovisual, ya que eso es la Relato. El tema es el título de un VALOR UNIVERSAL y, por lo tanto, ES INCORRUPTIBLE y ATEMPORAL.

- No es real el tema que no tiene una antípoda: Placer-Angustia, Amor-Egoísmo o Amor-Odio, Transformación-Permanencia, Libertad-Dependencia, Solidaridad-Individualismo, etc.

- El Relato es la ESTRUCTURA DE ACONTECIMIENTOS y es manifiesta gracias a los personajes (sean estos personas -tengan o no referentes en la realidad cotidiana-, sean animales o cosas).

- Los personajes tienen funciones estructurales. Expresan siempre –esto es una ley- actitudes humanas.

- Los personajes representan fuerzas de acuerdo al sentido que tienen en la trama (o en la realidad habitual). Son tres los personajes principales y tres las fuerzas que generan la progresión dramática. Al protagonista lo define el hecho de que es el PORTADOR DEL TEMA.

- A través de los acontecimientos que narra (sea ficción o documental), la anécdota expresa un PUNTO DE VISTA: el del realizador.

- El punto de vista es el esbozo de un juicio que se hace sobre el ASUNTO tratado. En otras palabras. El punto de vista es la actualización del tema (el sentido que tiene el tema en el presente histórico del realizador).

Acerca del documental:

- El documental es un intento de verificación de la realidad habitual.

- Responde siempre al presente del realizador audiovisual o lo que es lo mismo, el realizador audiovisual ACTUALIZA TEMÁTICAMENTE el suceso documentado.

- El documental es una RE-INTERPRETACIÓN DE SUCESOS. Por esta razón el Punto de Vista -que es el enfoque ideológico a partir del cual se "reconstruye" el suceso- adquiere una importancia de primer orden.

- La obra de ficción., aún cuando el asunto de que trate esté basado en hechos verídicos, es estructuralmente autónoma (cerrada), en tanto que EL DOCUMENTAL ES ABIERTO y se completa estructuralmente con la realidad.

- El documental no requiere propiamente de un guión sino de lo que se conoce como ESCALETA, que es una guía mínima de acción, la cual refleja una estructura primaria susceptible de ser modificada.

- Si bien sería deseable para el realizador que el punto de vista resultara invariable, en la práctica el documental padece de una VOLUBILIDAD DESCRIPTIVA relacionada con la adaptación interpretativa del realizador.

- Esto se debe a la CONDICIÓN INQUISITIVA DEL DOCUMENTAL (mientras que en la obra de ficción la investigación es diacrónica -o sea, condición precedente a fin de facilitar la construcción del guión- en el documental es sincrónica, es decir, LA INVESTIGACIÓN ES EL DOCUMENTAL MISMO).

- En el documental el punto de vista cumple la función de una HIPÓTESIS DE INVESTIGACIÓN que el realizador procurará validar o sea, documentar, con un consistente discurso visual.

- Cualquiera sea la Idea, el Tema o el punto de vista, el documental ha de ser una VISIÓN ANTROPOLÓGICA del fenómeno que reconstruye ya que, en última instancia, persigue la comprensión del papel que juega el ser humano en lo descrito.

- El documental está basado en el supuesto de que el hombre (el ser humano) es la medida de todas la cosas.

Acerca de la producción:

- La producción es el arte de LOCALIZAR y ADMINISTRAR LOS RECURSOS NECESARIOS para la puesta en pantalla de un proyecto audiovisual.

- La PREPRODUCCIÓN es el período que va desde la idea inicial hasta el comienzo de la filmación o grabación en video.

- La preproducción comprende la INVESTIGACIÓN PRELIMINAR (bibliografía, documentos relacionados, precedentes fílmicos, referencias, etc.), la LOCALIZACIÓN DE LOS RECURSOS NECESARIOS (financiamiento, locaciones, equipos, técnicos y directores, transporte, etc.), la ELABORACIÓN DE LA ESCALETA o Guión Técnico y el PLAN DE PRODUCCIÓN.

- La producción se diseña de acuerdo a las LOCACIONES, es decir que se realiza en cada locación todos los planos previstos antes de pasar a la siguiente, la cual, a su vez estará lo mejor relacionada geográficamente con la anterior a fin de disminuir el consumo de tiempo y recursos.

- La fase de filmación o grabación comprende el período en que se recoge el proceso o procesos objeto de descripción e interpretación en el soporte físico dado (video o celuloide).

- En la fase posterior a la filmación o grabación se realiza la edición y la POST-PRODUCCIÓN que es el período correspondiente al MONTAJE, la SONORIZACIÓN (musicalización, efectos de sonidos, etc.) y los EFECTOS VISUALES o ESPECIALES.

- LA PRODUCCIÓN ES RESTRICTIVA: La distribución de los recursos es inamovible, por lo que siempre se destina una parte para imprevistos.

- La producción se diseña a fin de satisfacer en lo posible los requerimientos expresivos de la obra o, lo que es lo mismo, las aspiraciones artísticas del director.

- Dentro de las tareas de la producción se encuentra el de la VENTA de la obra para su distribución comercial o de cualquier otro tipo.

- La producción es lo que da carácter empresarial al proceso audiovisual. De ella es dependiente cada uno de los aspectos, necesidades y actividades por grande o pequeña que sean y su función es garantizarlas.

Acerca de la dirección:

- La dirección y la producción son COMPLEMENTARIOS como lo son en un libro los extremos sueltos y los grapados, por esta razón existe la expresión de que el productor busca la plata y el director la gasta. Esto quiere significar que uno echa los globos al aire mientras el otro sujeta el mecate para que no se extravíen.

- El estilo de una obra audiovisual está dado por el reconocimiento público de las maneras particulares de la dirección. La poética de un director no es otra cosa que patrones y asociaciones distintivo en relaciones con otras poéticas e íntimamente recurrentes en sí mismos.

- El papel de la dirección es la de COORDINAR el conjunto de direcciones particulares (producción, fotografía, arte, etc.) Un criterio fundamental para determinar la calidad de la dirección es precisamente el equilibrio de estas funciones.

- En una obra audiovisual (cine o televisión) CUANDO SOBRESALE ALGUNA DIRECCIÓN PARTICULAR (fotografía por ejemplo) esa obra tuvo DEFICIENCIAS DE DIRECCIÓN.

- El director es el que elige o acepta dirigir el guión y es quien lo afina (el mecanismo de afinamiento en el cine se conoce como "análisis dramatúrgico"). En el caso del documental, el director es quien elabora la ESCALETA.

- La dirección se ocupa también de la dirección de actores (es quien sugiere al actor el punto de partida para su ACCIÓN INTERNA y es quien diseña la estructura básica de la ACCIÓN FÍSICA del actor).

- En cine documental existe un subgénero conocido como DOCUDRAMA en el cual el director, a veces por carencia de tomas originales, a veces por estética, escenifica situaciones acontecidas en el pasado y recreadas por él.

- En el documental LA DECISIÓN SIEMPRE TIENE CARÁCTER CRÍTICO ya que el documentalista hace una apropiación de la realidad habitual que tiene estricto VALOR TEMPORAL: el documentalista es un oportunista y como cazador de imágenes que es, se encuentra siempre en acecho.

- Contrario a lo que puede suponerse, la dirección relativa al documental requiere de extraordinaria FLEXIBILIDAD MENTAL. Es frecuente que la lógica de investigación que impone el trabajo de documentación audiovisual promueva cambios en el PUNTO DE VISTA del director y por lo tanto en el enfoque general. En muchas ocasiones se comienza contando una cosa y se termina hablando de otra.

Acerca de la edición y el montaje:

- La edición es la capacidad instrumental para hacer junturas precisas entre dos planos. Un editor eficaz conoce a fondo las posibilidades que ofrece el equipo con que trabaja.

- La edición son todos los procedimientos electrónicos de ordenamiento y manipulación de planos o secuencias a fin de sea evidente que la disposición final de estos sean percibidos no sólo como unidad, sino –en cuanto trabajo técnicamente pulcro (artesanalidad)- como finalidad.

- El montaje, por su parte, es la capacidad intelectual para generar un discurso visual coherente, armonioso y productivo desde el punto de vista de la comunicación.

- El montaje son todos los procedimientos intelectuales de manipulación simbólica de los planos y secuencias con el fin de generar un SENTIDO (o sea, una concatenación de significados sustentados ideológicamente y dirigidos hacia un TEMA)

- El montaje genera ritmo y genera también estilo (lo cual es en sí una forma de generar sentido). Esto, a su vez provoca una respuesta emocional particular hacia la obra audiovisual por parte del perceptor, porque el documental busca promover una actitud en relación a un asunto.

- La ELIPSIS es un importante recurso de montaje con el cual se destruye el tiempo SUSTRAYENDO de una secuencia todo o parte de los acontecimientos que van entre el principio y fin de una acción física o proceso complejo (Ej: Un hombre llega a la puerta de un edificio. Desde el quinto piso una mujer le tira las llaves para que entre. CORTE A: El hombre y la mujer se besan en la alcoba).

- El CLIP, por el contrario, es la ADICIÓN de momentos de toda la secuencia o secuencias a fin de crear un sentimiento de conocimiento de todo el proceso descrito. El tiempo, en este caso, se expande.

- El montaje genera en el discurso visual una estructura musical, en tanto que genera en el discurso sonoro una estructura visual. Una y otra cosa no pueden ser percibidas como independientes.

- Tal vez la función más importe del montaje es la de darle unicidad (coherencia y sentido) al mundo de imágenes recogidos en filmaciones o grabaciones de campo y que no serán más que fotografías inconexas sin el orden creado gracias a ellos. Este orden es la proyección mental final del realizador.

- El montaje trabaja sobre la NOCIÓN DE PROCESO. La materia a partir de la cual el montaje crea modelos perceptivos es el TIEMPO PSICOLÓGICO.

¿Quien quiere SER MILLONARIO?

Hace unos años hubo una verdadera explosión de dispositivos electrónicos de lectura (eReader), lo cual ha cambiado la manera en que se mercadean y comercializan los libros. Y, adivina, no hay mucho material en español para vender según este paradigma. Es una dinámica diferente y definitivamente de mayor alcance.

La entrada original de este artículo en mi bitácora "Aprender a Escribir" ocurrió tal vez un par de años antes que las *tablets* irrumpieran con especial fuerza en el mercado. Sigo creyendo que los eReaders siguen siendo la mejor opción para los lectores que nos tomamos la literatura como un placer mayor. Lo sé, somos cada vez menos. Sin embargo, la lectura no es negociable si pretendes convertirte en escritor o guionista. No puede ser reducida a una video. La literatura necesita del idioma y no existe una sola película o serie en este mundo -ni siquiera un millar de películas juntas con otro millar de series- que pueda mostrar la vastedad del lenguaje. A las pantallas de tinta electrónica aún le queda camino por recorrer hasta lograr una profundidad de color que la ponga en franca ventaja en relación con las pantallas OLED actuales.

Por supuesto, la entrada del blog no tenía nada que ver con las tecnologías que hacen más o menos satisfactoria la lectura *per se*, si no por las perspectivas que abre a los escritores en un ambiente editorial cada vez más saturado y cada vez menos dispuesto a correr riesgos.

Quiero mencionar tres de las tendencias más importantes que pueden detectarse en la literatura contemporánea como oportunidad de negocio. A partir de esta premisa, lo que constituye sin dudas una verdadera revolución es la auto-publicación. Tampoco es la solución a todos nuestros problemas como escritores: en medio de millones de publicaciones, obtener un poco de atención es un camino arduo.

Dependiendo del libro mismo se puede establecer precio de venta al consumidor final (para Internet nunca es demasiado alto si no lo haces a través de una casa editorial) que puede estar rondando los $1-$7 dependiendo de lo interesante que pueda resultar al público. No parece mucho si piensas en los tres gatos que tienes la certeza te dispensan algo de cariño.

Basado en la web, este es un modelo que funciona sobre estrategias globales ya que el acceso tiene por lo menos tres implicaciones poderosas:

- Es un medio inmediato
- Es un medio masivo
- Es un medio controlable

En este modelo, según alcanzo a ver, no se pierde nunca los derechos sobre la obra ya que es el propio autor quien pone directamente en venta su producto obteniendo entre un cincuenta a un setenta por ciento de las ventas. Para que todo esto se haga efectivo es necesario tener los conocimientos básicos (que no están tan a la mano como puede creer algún avispado), un poco de dinero (no mucho afortunadamente) y varias horas frente a un ordenador.

Es importante que comprendas que el mercado de libros de papel convencional se ha estado moviendo hacia el llamado ePaper o papel electrónico. (Bueno. Eso ha cambiando un poco desde que escribí esto. Más bien pareciera que se ha ralentizado sustancialmente como si se quisiera establecer un equilibrio artificial entre los dos tipos de publicaciones). Se está desarrollando toda una generación de pantallas flexibles que terminarán pareciéndose al papel que conocíamos (flexibilidad, portabilidad, contraste impecable aún bajo condiciones de luz solar, etc). Hay una carrera para ver quien se lleva el pato al agua y se han hecho demostraciones en todas las ferias tecnológicas de los últimos cinco o seis años.

Por otra parte se encuentran las editoriales renuentes a publicar a escritores noveles y de hecho han modificando sus modelos de negocio porque saben que el libro convencional terminará desapareciendo.

Por supuesto, no se trata de una lógica natural, si es que algo así es dable, sino que han cambiado dramáticamente algunas condiciones generales de este mercado.

Este era, con anotaciones menos, con algún texto de cotejo, lo que expresaba la entrada en mi bitácora. Ahora quiero extenderme un poco más porque le he dado algún seguimiento al fenómeno de la auto-publicación y he detectado algunas tendencias que, bien entendidas, pueden ayudarte a tener éxito en el arduo camino de "vivir del cuento".

Una clara tendencia es el Relato serial. La tendencia a lo seriado tiene que ver con la oportunidad comercial que representa tanto en literatura como en difusión mediática el consumo continuo aunque sea por un período de tiempo. A final de cuentas, un escritor aspira a vivir para siempre de los ingresos residuales de sus publicaciones. Y si los lectores parecen disminuir, la audiencia de SMD, cine y televisión en general, va en progresión exponencial.

Ni que decirte que el Método de Personaje representa una enorme ventaja para el desarrollo de series. Una parte de su evolución tiene que ver justamente con la necesidad de manejar un gran grupo de personajes para la telenovela.Ningún proyecto de serie (de televisión, literaria o videojuego) tiene algún chance sin una trabajo previo como el que plantea el Método.

Es cierto que con una serie se puede llevar hasta sus últimas consecuencias un Relato, moviéndolo en cualquier punto cardinal a partir de su estructura de personajes. Sin embargo esta es una ventaja relativa, asociada a otra de las tendencias de la literatura contemporánea: la aventura.

Tanto la literatura como el Relato multimedia ha adoptado la medida del Suceso como el mecanismo contemporáneo de la Progresión Dramática. Menciono el Suceso como estructura privilegiada, no porque lo entienda como un error. Pero está claro que el Relato basado en Sucesos pertenece a un discurso que promueve más la venta que el intelecto. La serie es demandante y extenuante en extremo. En ese sentido, es una decisión equivalente a invertir toda tu energía y, eventualmente, todo tu dinero, en una franquicia de panadería que consideras el negocio de tu vida.

Si no tienes una casa editorial bien conocida, la auto-publicación es una opción más que interesante. Los canales han mejorado mucho los mecanismos para dar a conocer tu obra. Eso no lo ha hecho menos arduos porque, te dije, son literalmente millones.

Una preparación de tu material es de la mayor importancia, sea para una serie o que pretendas publicar obras diversas. Todo apunta a que los escritores con mayores posibilidades de ser leídos son los que generan mucha producción anual. Claro que no estoy hablando de la calidad de las obras. Es todo un desafío poner continuamente contenido en el mercado manteniendo la versatilidad creativa.

Ejemplificando

Ejemplo de personaje

Pancito de Dios. Fuerza Pasiva. 64.

Comportamiento Social. Bajito. Pelón con apenas unas mechas en la base del cráneo que le gusta recoger en una rala cola, lo cual le da un aspecto curioso, por decir lo menos. Se recorta la barba alrededor de la boca dejando una punta hacia abajo y se deja crecer el bigote en puntas que enrolla al estilo de los caballeros de los siglos dieciocho o diecinueve. Usualmente lleva botas de punta con tacón cubano ("Las Dean" en referencia al James Dean de "Rebelde sin causa") que vienen con él desde los años 70 y que le costaron muy caras en su momento. A veces usa un par de sandalias que se mandó a hacer unos cinco años atrás con el mismo modelo artesanal de las primeras que compró en la época de las revueltas estudiantiles. Y, por último, tiene un par de zapatillas verdes de marca, muy feas, compradas en una promoción. Es muy fiel a sus zapatos. De hecho son los únicos que tiene y por eso les tiene nombre.

Se ve a sí mismo como un caballero. Viste con camisetas sin mangas que destacan una barriga prominente y pelos en cantidades casi imposibles. Tiene vellos por doquier, largos y negros contrastando con su brillante calva. Sólo usa pantalones manchados como si fueran piel de salamandra o de camuflaje.

Carácter roñoso a quien todo le estorba. Temperamento agrio con tendencia a justificar lo injustificable, especialmente sus propios errores, e incapaz de entender los ajenos. Suele burlarse de todo como mecanismo de ocultamiento de sus deficiencias. Le encantan las mujeres pero no suele siquiera rozarlas por su propia falta de encanto.

Condiciones del carácter. Cuando nació San José era apenas un pueblito lleno de calles pequeñas y carretas. Así que su pensamiento sigue siendo provinciano como si el mundo fuera sólo ese pedazo de tierra que corresponde al Valle Central. Toda noticia que provenga del "mundo exterior", aún cuando se trate de Nicaragua, le parece una pérdida de tiempo. Ninguna maravilla es suficiente para llamar su atención (y siempre tiene noticias o argumentos mejores). De hecho considera este el mejor país del mundo, es más, considera que este es el ombligo del mundo. Extraña los días en que se podía caminar y a las dos manzanas encontrar más cafetales que casas para poder corretear a su antojo. Tuvo una infancia sin lujos aunque sin demasiadas restricciones pues proviene de una familia de clase media baja. Eso sí, fue el primero de siete hermanos y recibió atenciones inmerecidas por ser primogénito y único hombre. El padre muere cuando tiene apenas ocho años y la responsabilidad que le endosó la madre como "hombrecito de la casa" endureció progresivamente su carácter. Es extremadamente celoso con las hermanas, especialmente con la que es soltera. Por si fuera poco, padece de la próstata y ha sido operado tres veces por lo cual se considera un sobreviviente. Tiene muchas anécdotas con enfermeras.

Biografía. Por ser hombre y el primero su padre lo llamó su "pancito de Dios", lo cual le quedó como apodo cariñoso y luego de la muerte del papá, por inercia. Creció viniendo desde la periferia a caminar por el Parque Central de San José con sus padres y hermanas. La mayor de ella solía caminar con el tomado de la mano por encargo de su padre y por eso ha insistido toda la vida que él fue quien la crió aunque apenas le lleva un año de ventaja. Sigue siendo sobre-protector con todas sus hermanas y esta especialmente. Eso le trajo algunos incidentes de niño porque al ir creciendo aquella fue más alta y fuerte que aquel y de vez en vez lo aporreaba para que la dejara en paz. Curiosamente eso fortaleció la idea de que debía cuidarla y aún hoy la llama a diario. Leyó muchos libros de caballería y vio mucho cine de piratas gracias a la gran afición del papá por estas cosas que le inculcó mientras vivía. Después de la muerte de aquel en un accidente laboral resolvió vivir con su madre el resto de su vida (y es consecuente con sus decisiones). Con la madre tiene una relación de dependencia emocional muy fuerte. Sin embargo no tiene tendencias homosexuales sino que se ha acomodado con los años a la comodidad de tener comida casera y ropa limpia sin necesidad de tener una mujer en su vida de manera permanente. Esa es una idea heredada de una época en que se suponía que ese era el papel asignado a las mujeres.

Comenzó a trabajar a los 14. Era muy bien parecido y agradaba fácilmente a sus empleadores pero no duraba demasiado porque encontraba defectos rápidamente en sus relaciones con sus compañeros y jefes. Ha creído firmemente que el mundo está mal construido y que él lo haría de una manera más eficiente (tiene una teoría personal al respecto) Ha hecho prácticamente cualquier tipo de trabajo imaginable. Trabajó mucho en ebanistería y considera que tiene manos de oro.

Tuvo una novia en sus años mozos, Maripaz, que era realmente bella y se enamoró perdidamente de él. Durante las revueltas de los estudiantes en mayo de 1968, él salió a la calle a procurar tomar el gobierno del país en sus manos. Durante estas protestas que parecía que iban a cambiar el mundo conoció a esta chica universitaria de 18 años la cual encontró en él a un muchacho aguerrido y con la voluntad y la capacidad de fundar la Tercera República. Hicieron planes revolucionarios de todo tipo y se inventaron una utopía, un mundo imposible, en el cual el trabajo no podía ser recompensado y la riqueza se veía en las calles y casas. Decidieron irse juntos a la Unión Soviética pero no hubo forma en que le dieran una beca porque él es un tipo independiente que no se afilia a partidos ni a ideologías políticas. Un año después Maripaz comprendió que esa relación no resultaría en algo más productivo y desapareció de su vida para siempre. Esta circunstancia irrepetible, la de conocer a Maripaz, provocó en él la ilusión que más temprano que tarde la vida le pondría otra Maripaz en el camino, lo cual nunca volvió a darse. Él siempre le ha seguido los pasos y conoce sus vidas y milagros (nuevos novios y amantes, matrimonios e hijos). Por eso Maripaz gravita sobre su vida como una mujer ideal a pesar de que ha vivido con pormenores propios de cualquier vida humana. Todavía se refiere a ella en tiempo presente aunque aquella por despecho con un novio se casó con un hombre que la llenó de atenciones e hijos.

Por esos años compró "Las Dean", una botas de punta y tacón cubano como representación de su gallardía y masculinidad (la cual ha reparado una 167 veces asociadas a historias poco creíbles como que tuvo que enfrentarse él solito a un pelotón de policías o que montó en una ocasión a una mujer tan grande vertical y horizontalmente que era como estar subido a una montaña rusa y necesitó afincarse bien con Las Dean para no perder el equilibrio o que estuvo de asistente de un camarógrafo de la National Geographic que se las vio a solas con un enorme puma y cosas por el estilo. Ya que ha hecho de todo en la vida tiene unas 167 historias en las cuales Las Dean terminaron sufriendo las consecuencias).

A pesar de su desinterés en afiliarse a organizaciones e ideologías, fundó en 1978 el Sindicato de los Hombres Correctos para resguardar la masculinidad del feminismo creciente y la falta de "sentido común" de las nuevas generaciones de chicas en su afán de independencia temprana. Involucró en eso a algunos amigos de turno. Pero luego de unos meses estaba claro para todos ellos, excepto para él, que el asunto no caminaba.

Es el padre de todos los machistas, aún más, es el machismo por antonomasia oculto debajo de justificaciones que ha sacado de sabrá dios qué tratados filosóficos. Su expresión favorita es la de un filósofo que solía decir que existen dos tipos de lógicas: la lógica formal y la lógica de las mujeres. Por supuesto, sabe de todo y su palabra es santa. Le gusta hacer citas textuales a las que les cambia el sentido y tiene una memoria privilegiada para los números de teléfonos de las mujeres que puede captar al vuelo en una conversación en la que no esté participando. Acostumbra a hacer llamadas a desconocidas, a veces como si fuera un adolescente. Tiene mil trucos pero nunca le resultan cuando se trata de encontrarse con alguna.

Componente dramático: Aunque se ve a sí mismo como un solitario sufre desesperadamente su soledad la cual compensa con la relación con su madre. **Componente cómico:** Voz gangosa. Roñoso. **Otros componentes:** Color amarillo. Estoicismo (filosofía). Pulseras. Sin medias. Hippie. Libra (signo zodiacal).

Triada del personaje.

Pancito de Dios. Fuerza pasiva. La madre es quien tiene que indicarle que haga ciertas cosas porque no las hará nunca por iniciativa propia.

Madre. Fuerza Activa. Mujer valerosa que tuvo que salir adelante sola con una pinche pensión.

Mari Paz. Fuerza neutra. Es como el ojo visor que cuestiona y califica lo que Pancito hace, claro que todo eso está en su imaginación porque la relación con Maripaz es más platónica que real. Tolera a Pancito por la insistencia de aquel.

Teoría de la Revolución de las Salamandras según Pancito de Dios. Esta teoría está basada en el famoso libro de Karel Čapek "La guerra de las salamandras" en el cual esta especie de anfibios absolutamente subestimados por su inteligencia termina subyugando a la raza humana y poniéndola a su servicio. Así que Pancito de Dios cree que las personas que se encuentran hoy supeditadas a los grandes intereses económicos tienen la inteligencia y la capacidad para apoderarse del mundo lenta y consistentemente como hicieron las salamandras del libro y que para entonces ningún poder político podrá hacer nada en contra.

Los ambiciosos

(El dialogo cinematográfico. Extracto de un guión)

ESCENA 1

Créditos iniciales.

En un lujoso apartamento Antonio duerme. En el televisor -que se enciende automáticamente- un locutor del noticiero matutino anuncia:

LOCUTOR:

...un lamentable accidente en el cual murió una joven de nombre Carla Aguilar. Del mismo resultó con daños en su columna vertebral el joven José Carlos el cual se encuentra en condición delicada en el hospital San Juan de Dios de la capital. El suceso tuvo lugar cerca de las ocho de la noche al parecer por la pérdida de control del vehículo con el que salían del motel Las Arcadas que se encuentra al oeste de la Capital... (OFF) Los oficiales del Organismo de Investigación que se personaron en el lugar...

Antonio mira la pantalla del televisor como hipnotizado. Mariarmen se le acerca por detrás asustándolo.

MARICARMEN

¿Estas temblando?

ANTONIO

Esta fría la mañana. Volvamos a la cama.(Mira de hito en hito la pantalla del televisor)

MARICARMEN

No lo dirás en serio, ya es hora de levantarse.

ANTONIO

Solo un par de minutos.

Vuelve a acostarse. Maricarmen abraza por la espalda a Antonio para darle calor. Antonio cierra un instante los ojos y vuelve a abrirlos súbitamente. Se incorpora.

ANTONIO

José Carlos... José Carlos acaba de accidentarse.

Maricarmen se incorpora de un salto.

MARICARMEN

¿Que estás diciendo?

ANTONIO

Acabo de escucharlo en televisión.

MARICARMEN

¡No puede ser !

Antonio se desconcierta por la reacción de Maricarmen. Maricarmen se vuelve a acostar.

TITULO : Los ambiciosos.

CRÉDITOS.

ESCENA 2

SUBTÍTULO: José Carlos.

José Carlos con Carla en un automóvil entrando en el motel. Lo recorren completamente sin encontrar campo. Esperan.

CARLA

¿No vas a decir nada?

JOSÉ CARLOS

Ojala no haya que esperar mucho...

CARLA

¡Bueno, algo has dicho! No hay prisa...

JOSÉ CARLOS

No, no hay prisa...

CARLA

(señala al frente)

Ya está...

(para si)

Nunca tarda mucho...

José Carlos la mira sorprendido. Entran en el estacionamiento. Salen del automóvil. Entran a la habitación. José Carlos pone dinero en una gaveta que se abre y solicita tragos.

JOSÉ CARLOS

(en un susurro)

¿Cómo logran arreglarlo tan rápido?

CARLA

Dicen que aquí sólo trabajan hombres...

JOSÉ CARLOS

¿Eso que tiene que ver?

CARLA

Bueno... arreglan la habitación tan rápido como se...

(señala los genitales)

JOSÉ CARLOS

¡Carla!

CARLA

¡¿Qué?!

JOSÉ CARLOS

(recoge el vuelto y la bebida)

Me habían dicho...

CARLA

(acariciándole)

¿Qué te habían dicho?

JOSÉ CARLOS

Que tenés muy alta temperatura hormonal...

Carla lo acaricia y besa..

CARLA

Eso... es... completamente ... cierto...

JOSÉ CARLOS

Tenés a media universidad detrás de vos...

CARLA

Exagerás...

JOSÉ CARLOS

¿Qué interés tenés en mi?

CARLA

Venga... refresquémonos...

Se lo lleva al jacuzzi mientras se desnuda y desnuda a José Carlos. Entran al agua. Carla besa y acaricia profusamente a José Carlos excitándolo.

CARLA

No vayas muy de prisa....

José Carlos empieza a participar. Ambos se ven muy excitados. Carla se muestra mucho mas activa que José Carlos. Se ve hermosa y dominante.

CARLA

(besa con mucha sensualidad enloqueciendo a
José Carlos; evidentemente ha calculado todo)
¿Te gusta esto?

JOSÉ CARLOS

¿Podría no? ¡Carla me aturdís!

CARLA

Sí, lo sé... Voy a darte lo que querés...

(finge excitarse cada vez más y acercarse al orgasmo. José Carlos casi enloquece; Carla ríe)

¡Que delicia de hombre..! (P) Tu amigo... el profesor Antonio... es muy poco amable conmigo...

José Carlos abre los ojos súbitamente) Yo te doy lo que quieres y tu...

JOSÉ CARLOS

(reacciona; la aparta de sí)

¡No... no! ¿Qué estoy haciendo?

CARLA

Te estoy pidiendo un favor... Yo te doy lo que querés y vos...

JOSÉ CARLOS

Sos una manipuladora Carla... no sacás pelo sin sangre...

CARLA

No Jóse, vos me gustás de verdad... ¿acaso no podes pedirle que me apruebe el año?

JOSÉ CARLOS

Don Antonio es una persona seria... yo... yo no voy a pedirle eso... no quiero...

CARLA

Ya lo sabia...

Se levanta mostrándose desnuda e imponente.

JOSÉ CARLOS

(incorporándose; comienza a vestirse a toda carrera)

¿Por qué meterse contigo..? Yo... yo... yo estoy enamorado de mi novia...

(se muestra desconcertado sin saber qué hacer; a medio vestir sale a buscar el automóvil)

CARLA

¿Me va a dejar así? ¡Ni se le ocurra! ¡José Carlos! ¡José Carlos!

(se viste a toda carrera)

Me las va a pagar jueputa... Le juro que se lo digo a Vanesa...

JOSÉ CARLOS

(saliendo)

No tiene por qué creerte...

José Carlos se acaba de vestir en el automóvil dandole tiempo a Carla a llegar. Salen del estacionamiento del motel en reversa.

JOSÉ CARLOS

Ya me habían dicho que tenías espuelas muy largas...

CARLA

...y lengua pesada... No me gusta que me dejen a medias...

(grosera)

¿Ahora qué?

JOSÉ CARLOS

No entran las marchas...

CARLA

(puteada)

¿Es que nada te funciona bien?

JOSÉ CARLOS

Ya es bastante frustrante todo esto... no lo dañés más...

CARLA

No acelerés que nos vamos a estrellar...

JOSÉ CARLOS

No puedo hacer el cambio...

CARLA

Jodida cosa...

El automóvil acelera en reversa. Se van al guindo. La puerta se abre del lado de Carla que cae debajo del automóvil.

CORTE

Idas y venidas

(El diálogo literario)

Vendedor : Hola. ¿Cómo estai?

Interlocutor : ¿Cómo crees?

Vendedor: Estás mal.

Interlocutor: No, no lo estoy. Sólo que ya no estoy ahí.

Vendedor: Tu vida... tu trabajo... Tenías un trabajo interesante, ¿cierto?

Interlocutor: Dentro de la tremenda falacia que es la vida una sede diplomática sólo es un punto álgido.

Vendedor: Sí: ¿por qué ibas a extrañarla? ¿Extrañas algo?

Interlocutor: No.

Vendedor: Necesitas a alguien.

Interlocutor: No, no lo creo... Aquí no me falta nada. Y tu, ¿cómo estai?

Vendedor : Reponiéndome del golpe.

Interlocutor : ¿Por mí?

Vendedor: Supongo que por ti y por los otros dos y por este puto mundo... Por ti principalmente.

Interlocutor: Ya...

Vendedor : ¿Sabes que es lo que más me apena?

Interlocutor : Sí, que no hayamos hecho el proyecto de la frontera. De todas formas eso no iba a cambiar nada.

Vendedor: Créeme, en estos momentos estoy muy poco interesado en la suerte del planeta. Es por otra cosa...

Interlocutor: Lo sé.

Vendedor: ¿Cómo sabes?

Interlocutor: Lo sé, es todo. También sé otras cosas.

Vendedor: Eso me temía.

Interlocutor: Por ejemplo, sé que estás fastidiado con todo esto.

Vendedor: Lo estoy. Mucho.

Interlocutor: También yo...

Vendedor: Sí, me imagino...

Interlocutor: Ya no puedo decir palabras hueras... No uses frases hechas conmigo.

Vendedor: Tienes razón: Voy a ser más creativo. Cuenta con eso.

Interlocutor: No esperaría menos. Cómo cuando me hiciste aquel regalo...

Vendedor: ¿Qué regalo?

Interlocutor: No pierdas la pista que sólo tenemos esta oportunidad. Estabas un poco lento en mi regazo. Pero habías empujado hasta el límite de lo posible... Rápido que eres... Y ya estábamos en el diván, a un metro de la cama y se te habían acabado las frases inteligentes...

Vendedor: ¿Se me habían terminado?

Interlocutor: Sí. Sabías... sabíamos que ya no había más que decir. Y entonces apareció una frase hecha de esas que dice cualquier adolescente por decir algo, por decir nada, por hacerse el gracioso. En ese punto siempre se convierten en graciosos mal habidos. Dicha por ti sonaba peor. Sólo te quedaba hurtar, avanzar sin elegancia...

Preguntaste si me ponías nerviosa. No, no me ponías nerviosa. Ningún hombre tuvo ese efecto en mí.

Vendedor: Eso me pareció siempre... Eres dominante, autoritaria, abominable si quieres... Se vería hasta extraño que apuntaras lo contrario. Pero aún así, cae como miel que lo digas... porque eres recia y deliciosa al mismo tiempo...

Interlocutor: Por eso un instante más tarde estas bajo mi pubis tomándote mi savia...

Vendedor: Tu miel... ¿Fue así?

Interlocutor: Pero yo no quería exponerme... No quería delatarme...

Vendedor: Pero ya te habías expuesto y por delatarte bajaba un río desde tus entrañas como una fresca quebrada a principios del invierno.

Interlocutor: ¿Por qué? ¿Era fría?

Vendedor: No, era tibia.

Interlocutor: Pero el invierno es frío. No entiendo tu imagen...

Vendedor: De donde eres...

Interlocutor: De donde era...

Vendedor: Sí, de donde provenías los inviernos son helados... Pero no en este país, tu sabes.

Interlocutor: Sí, lo sé: inviernos de lluvia.

Vendedor: Algo así.

Interlocutor: Entonces te echo de la habitación.

Vendedor: ¿Ahora, en el mejor momento?

Interlocutor: Sí, ¡andate, andate no más!

Vendedor: Déjame agotar tu miel.

Interlocutor: No, me expongo demasiado, casi no puedo echarte... casi me vengo...

Vendedor: Déjame verla correr...

Interlocutor: ¡No! ¡Andate mientras pueda contenerme!

Vendedor: Voy al baño un segundo...

Interlocutor: ¡No más! Quiero que te vayás cuanto antes...

Vendedor: Sólo un segundo, necesito acomodarme la ropa...

Interlocutor: Un segundo...

Vendedor: Y entro al baño. Tu has quedado en un impasse procurando reivindicarte. Te encuentras a mitad de camino entre el desnudo y la zozobra. Estás contando con que no vuelva a mirarte. Te acecha un poco de vergüenza por la transgresión y por la veleidad. Pero regreso desnudo justo cuando te despedías de la habitación con un giro inequívoco de los ojos. Quedas suspendida mientras me interno con la lengua, hasta que estallas y te abandonas.

Interlocutor: ¡Oh, sí!

Vendedor: Ya no quieres que hablemos de los proyectos culturales ni de los riscos morados. Sólo puedes abandonarte perdiendo la integridad de doncella absoluta.

Interlocutor: Sí, hay algo que puedo hacer: Halarte hacia mí. Arrastrarte sobre mis senos, para que tu pecho, para que tus vellos rocen las puntas de pedernal. Besarte por primera vez mientras se me adentra tímido e imponente tu clara majestad. Va hurgando, sin prisa. Eso está muy bien: odiaría que te apagues en un breve vahído.

Vendedor: Yo odiaría perderte en un resignado soplo.

Interlocutor: Pero ya estoy muy adelantada. Debes sentir los manantiales por todos lados.

Vendedor: Me mojo en ellos.

Interlocutor: Sí, hazlo. No dejes que se conviertan en río. Sé codicioso, se fiel...

Vendedor: Déjame explicarte de donde proviene la niebla que anticipa la nada. Parece que estoy hablando pero mi explicación no es intelectual. Mi explicación se elucida a sí misma con un movimiento asimétrico que concibe la maravilla y que te hará trepidar hasta el desboque, hasta el desove.

Interlocutor: Tienes razón: estoy trepidando y me voy rebasando. Ya no puedo, ya no quiero esperarte. Me voy al punto de todos los dones y te ordeno que si regreso me devuelvas con el mismo ímpetu que me regalas... Ya no puedo siquiera abandonarme, ya no es de mí. Ya no. Ni de mí, ni de ti....

Vendedor: (...)

Interlocutor: (...)

Vendedor: Te has ido y vuelves. Ahí tienes unos empujones más. Uno más. Fuerte. Casi violento. Violento. Allá vas en naufragio. Amo verte sucumbir. Es codicia lo sé. Me lo has pedido. Y he podido y te he dado. Déjame virarte y apreciar las dunas del viaje. Voy de nuevo...

Interlocutor: Eso se siente... Te lo concedo...Pero no puedo amarte...

Vendedor: Lo acepto. Ya me había dado cuenta cuando latías (para mí, en mí). Pero en este instante te abordo con reconocimientos a ultranza; aniquilándote el apetito con el apetito; adentrándome en el recto paraje donde el ralo ovillo parece hundirse debido a la pleamar. Lo atajo con la mano y con la mano recojo un poco de humedad y redundo en contacto. Igual, es poco el esfuerzo: ¡tan grande el mar!

Interlocutor: Pero vale, ¡vale! Especialmente porque vuelves hacia adentro como un Magno Alejandro de los Pináculos. Vuelvo y me devuelvo para ver si llegas y te vas. Hombre duro y después dices...

Vendedor: Ya te digo: no te digo... Voy saliendo con la espuma...

Interlocutor: Afuera nada. Adentro: ¡Adentro! Te acompaño adentro.

Vendedor: Adentro sigo.

Interlocutor: No dejes caer el auricular. No te vayas. No te vayas.

(De la novela "Técnicas de venta", en proceso)

Un blog para aprender a escribir

Todo empezó con una bitácora virtual en donde discurrían ideas mixtas que comprometían conceptos de la narrativa literaria con circunstancias personales. Esta bitácora estuvo indexando palabras claves en mis pensamientos que condujeron a la necesidad de crear un espacio específico sobre un método en el que he trabajado por los últimos veinte años de mi vida.

He llamado a este "Método de Personaje" y en muy breve lo expondré de la manera en que debe explicarse una metodología eficaz: con unas pocas frases.

Sin duda, la indexación de palabras es una analogía curiosa. Una analogía cuyos fundamentos descansan en el propio funcionamiento del mecanismo del pensamiento.

El pensamiento trabaja con su propio índice que se basa en una estructura anterior: las emociones. Es un indexado en donde no interviene ninguna suerte de herramienta analítica. Sencillamente lo indexa: un hecho, una circunstancia que inscribe la vida. Por eso hay culturas que han sostenido la idea de que el verdadero órgano del pensamiento es el corazón, lo cual reduciría el cerebro a un sistema secundario de bibliotecología. Realmente disfruto esa idea. De hecho la forma en que se maneja la existencia de millones de personas se basa en el falso de que el cerebro es el órgano rector. Eso ha generado la estructura política de funcionamiento social: un vaquero arreando ganado. ¡Hum! Inquietante, ¿cierto?

Escribir es más que un acto de expresión: es un ejercicio de ordenamiento del mundo. Esto tiene una implicación muy interesante porque quienes escribimos solemos ser mayoritariamente indisciplinados y esquivos con los métodos.

Desarrollé el Método de Personaje para alguien con muchos intereses y pensamientos diversificados. Lo desarrollé específicamente para una persona que solía ser: yo. De haber pensado en un tercero, probablemente habría resultado en una cosa ineficaz y engañosa. Creo que mucha gente hace dinero con falacias.

Sin embargo, la bitácora de la que he tomado la mayoría de los textos aquí revisados no fue concebida para organizar nada. La he desarrollado como un mecanismo de inmediatez ya que cuando empecé a escribir sobre el Método, lo había probado, intitulado, en cursos y talleres con públicos de procedencias mixtas. Es decir, lo he probado en mi uso profesional y lo he visto en funcionamiento en proyectos de terceros.

Ahora me interesa desarrollar el Método en una estructura que sin dudas le es natural: un libro. Escribir siempre es divertido y siempre es arduo. Así que he estado concentrando un poco de zumo en una bitácora con los ingredientes propios de las tecnologías de la información y la web 2.0, con muchas palabras clave y cierta concienzuda disciplina... al menos por un tiempo. En realidad, hace algún tiempo que no le dedico a aquella bitácora más que una revisada esporádica. Se llama "aprenderaescribir7". Diría que el 7 cumple con una función mágica y es mi número, aunque en la práctica la explicación es mucho menos literaria: no estaba libre la frase que andaba buscando.

Así que quedó en la red de esta forma: http://aprenderaescribir7.wordpress.com

La chica HOOTERS

(Fragmento de una novela en proceso)

No le preguntas a una Chica Hooters si hay algo de silicona debajo de esas formidables copas que emergen poderosas hacia tu deseo. Aún si la tienes abrazada en una esquina oscura de la ciudad y que la Chica Hooters haya solicitado ese tipo de envoltura fraterna con una expresión simple como tengo frio. Aún mientras hablaba desde tu celular con una amiga. Sí: Amas este tipo de circunstancias cuando una variable insospechada tiene la vaga capacidad de convocar pensamientos acerca de que manejas las cosas, la ilusión del control, el don de hacer. Y la amaría a ella si las decisiones de la vida involucraran algo más que un encuentro circunstancial. Entonces no importa si las circunstancias son las estructuras de la vida per sé o porque Ortega y Gasett lo declaró con mejores palabras que las tuyas. Ni siquiera eres un escritor. Eres –acabo de hallar mi tema: LA CIRCUNSTANCIA –una circunstancia.

Una circunstancia te había compelido a preguntarle acerca de su afinidad por otras mujeres. Su afirmación simple te había agradado tanto como ella.su afirmación también te había devuelto una pequeña zozobra pues en una banca de un parque con cientos de palomas otra muchacha te había declarado una terminante declinación mientras decía no puedo hacerlo con vos, no podría estar en una cama con otra persona que no sea ella y habías comprendido finalmente que había estado manipulando las cosas a su favor cuando decía quererte al final de agonizante conversaciones celulares o cuando quedaban en encontrarse infructuosamente. Todavía peor cuando unos vastos días antes había estado sobre una estrecha cama de un hotel por hora y se había mostrado desdeñosa con una carcajada mientras espetaba resuelta que ¿por haber venido hasta aquí creíste me iba a acostar con vos? Y luego, en la conversación sucedánea te había dicho con contundencia que podía terminar enamorándose de ti y que entonces tendrías que ver que hacer con esa liebre saltando al vacío. Te habías reído ante el asombro de ella para hacerle ver que sabías cómo suelen ser la cosas y como a estas alturas de la programación difícilmente cabía un fragmento de código tan complejo. Te reíste también para devolverle el favor por la risa que ella había dibujado cuando intentaste desnudarla. Esa circunstancia se acercó demasiado cuando la Chica Hooters decía un sí simple mientras pensaba en la amiga que debía llamar.

La circunstancia es el hombre. ¿De donde diablos los tipos ilustres sacan frases tan hechas?

Fue lo que te trajo a esta esquina de la ciudad. Provenías, es decir, provenían de un antro atravesado por circunstancia – digamos – atravesado en la lluvia impeniente y la azarosa oportunidad de una Chica Hooters. Atravesado y repleto de miradas que piensan, de miradas que juzgan, de miradas que miden, que cuestionan que importunan que procuran para sí su propia oportunidad de esta Chica Hooters. Y tus propias miradas correlativas: ora altaneras, ora displicentes, ora retadoras ora circunstanciales. Y ese tipo que insiste una y otra vez como si le hubieras arrebatado el discurso. Y la mirada de la propia Chica Hooters mirando a otra chica que se esconde en tus espaldas.

Tal vez no fue la lluvia lo que te trajo al antro sino la esperanza de la Chica Hooters en que tal vez le resuelvas su problema, ahora que renunció a Hooters (una circunstancia, digamos, que la puso en tu ámbito). Eso porque has llamado a un amigo muy adinerado que puso en circulación promesas como paseos extraterritoriales y consecuencias soñadas. Lo hiciste, claro, delante de ella para que absorbiera tus expresiones a veces afirmativas, a veces de asombro.

No le habías dicho -no lo ibas a hacer- ni por la lluvia, ni por el taxi, ni por la posibilidad que representa esta Chica Hooters, ni por las esperanzas que ha dejado hace unos minutos en el casting) que el Gran Hermano Internet no había devuelto noticias halagüeñas. La compañía de cine tiene un par de empleados, probablemente el flamante director de cine y su esposa, que reporta ingresos por veinticinco mil dólares mensuales, una cifra inusitadamente baja para un emprendimiento que comenzó según el Gran Hermano, hace cincuenta años. Lo habías cotejado luego con las direcciones electrónicas basadas en sitios públicos junto con nombres propios. Aún así habías ido también a probar suerte como actor. Pero tu no eres actor, eres sólo una circunstancia. Una circunstancia que te había colocado junto a una chica en las sillas de espera para la fotografía, cuando reparaste en su camisetas con los ojos de búho cuando ella decía que había renunciado a ser una Chica Hooters. Con ella habías recibido los elogios del director de la película y su asistente con su relativo español. Maravillosa lengua el español en boca de quien la sabe usar, hasta en este tipo que lo articula con cierta gracia y mucho entusiasmo especialmente para ustedes dos que son los únicos que no pudieron hacer la prueba de cámara en inglés como pedía la convocatoria: el inglés. El inglés los puso a enfrentarse, a cuestionarse, a morirse dentro de un automóvil que un imbécil llorón hace correr con desesperanza. Lo habías leído sin saber cómo encararlo, como echar mano de las emociones correctas pues no se te aviene esa conducta autodestructiva que describe el guión.

Tu no eres un suicida aunque esa marca en la muñeca parezca ya una institución de tu cuerpo, de tu ser. Todavía los dedos entumecidos... Te ha costado cara esa cortadura. Te ha costado dolor y un sufrimiento moral indescriptible. No te importan las dudas ajenas. Ni la voz de una enfermera con una sinuosa frase de que eso no parece accidente. Ni su mirada inquisitiva sobre las ocho puntadas que diligentemente perfecciona un doctor de turno.

Son esas circunstancias que parecen modelarte de manera definitoria. Que si la personalidad ya es un hecho, la vida nunca cuaja en un solo modelo. Por ejemplo, un modelo perfeccionista: un apartamento recién alquilado y casi instalado. Una vasija de vidrio delgado con pequeños cantos de rio en lugar de incenciario. Una vasija con cantos y ceniza de incienso. Tu procurando la perfección con un poco de agua que se lleve la ceniza. Los chinos, ¡oh, los chinos!, con sus matemáticas primigenias, sus artilugios de una mecánica irrebatible, sus guerreros de terracota y su destilada técnica de porcelana. Los chinos inventaron la porcelana, inventaron la madre del vidrio y por eso del vidrio. Una tradición de miles de años en una vasija transparente. ¿O no? Tal vez los chinos no inventaron el vidrio. Tal vez fueron los fenicios, porque ¿que otra cosa explicaría que haya querido escapar de tu mano y que al atajarlo, en un acto reflejo, hayas llevado esa circunstancia hasta sus últimas consecuencias, rompiéndolo en ti, justo en la línea de suicidio y que hayas visto el surco profundo, la piel desplazada y un rio de sangre apartándose de tu vida, con interrupción del flujo de información entre tu antebrazo y tres de tus dedos. Acaba de terminar la primera hora de luz de este domingo.

Habías comprado la cuasiesfera de vidrio para llenarla de piedrillas y clavarle de vez en vez una varilla de olor como complemento, como hábito de una perfección improbable. Has estado tentando un mundo que apenas te está resultando comprensible, por el esfuerzo de mantenerte incólume, de armar con los pedazos de información que has encontrado una zona descriptible como espacio propio, tus sillas, tu cocina, tu cama, tu enorme óleo frente a la cama con un rostro descompuesto en manchas vibrantes y el casi olvidado ritual de la fellatio cuando se comprende el conjunto.

Pero tu duermes incólume en la cama, incólume y sólo. Realmente estás disfrutándolo porque un hombre es un animal incómodo y solitario hasta que la cultura lo reduce en sus prácticas de aceptación colectiva. Un hombre necesita alguna vez regresar a ese estado más parecido a la realidad aunque sea en ese instante en que la muerte se intuye, se presupone.

Hay un subterfugio en esto que recordaré mencionarte antes, porque en este momento estás pensando que tal vez mañana termine de agotarse lo que tenías para comer porque las circunstancias – *circumstantia* Ortega y Gasset- te propinaron una variación, digamos no-coincidente, un argumento que no habías considerado, como, por ejemplo que tardaras en entregar el informe de medio período y por eso no giraron la plata (y por eso no has podido ir de compras, pero eso es tan circunstancial como que te hayas pasado de casa unos quince días después de aquella extraña y amarga discusión de divorcio en la que pretendiste dejar en claro que no te interesaba bien alguno, pues por alguna razón habías llegado a este punto en que no ambicionaste un objeto, nunca en permanecía). Cuando ella te dijo que todo era de ella, que me tienes harta, entonces te hizo saber que había urdido un plan. Lo había tramado por un año, queinsabe si más.

En respuesta echaste mano del argumento de que tener un novio con carro la ha elevado a una categoría de mujer decidida e independiente. Ella señala con la mirada a tu hijo que aún no duerme aunque es tarde para enmiendas y la razón en simple: lo has hecho para ponerla en evidencia y para debilitarla. Te asombras lo fácil que después de todo resulta.

Diez días antes habías aceptado un pequeño ritual que no te involucraba. Algo simple como que el tipo con quien sale tu mujer llegue a desayunar con ella y con tu hija. Te fuiste a patinar no fuera que faltándole el intruso terminara por arrepentirse. Sí, es una manera cínica de ver las cosas, tal vez esa sea su virtud, porque -he aquí el subterfugio- habías decidido, DECIDIDO, que tu hijo no vería nunca a un hombre desvalorizado por una obviedad sistémica: un intruso llegará como héroe por la gracia que le ha conferido las posesiones que lo califican; ¿la calificación?, el éxito. Ya sabes, tu perteneces a ese piélago de personajillos que validan la existencia de un uno por ciento de engreídos. Esto tal vez tenga su fundamento sobre el cual se construyó esta literatura pero nunca tus decisiones actuales. Irte a patinar es la consecuencia, digamos, de pertenecer al gremio de patinadores más jóvenes y, aunque no siempre, eventualmente más hermosos que tu.

Algunas semanas de constancia, de algunas caídas prominentes y unas demostraciones externas te han provisto de cotidianos e inusuales conocidos, entre ellos una joven de perfectas esfericidades que tuvo a bien invitarte a una fiesta inacabable. Había sido un intento de recomponerte porque los años han dejado su impronta y cierta flaccidez residual.

La habías visto moverse sinuosa en la pista y realmente la habías deseado, cosa vaga, en una cama rodando antes de extenderte feliz con la superficie mojada, hundiéndote irremisiblemente en un sueño grávido, sin sueños.

Pero realmente no viene al caso si no fuera porque cuando discutías hacerse de casi obscenas banalidades con tu esposa comprendías que la vida te había cobrado una octava y media procurando entender -ni siquiera comprender- lo que hacía, lo cual te había conducido a ese matrimonio vacuo si es que necesitabas una palabra más por redundancia.

Ya le dije, decía el SMS que te había llegado por equivocación aunque sabes exactamente a qué se refiere. Tiene que ver con una breve conversación justo antes de salir a la oficina con los ojos maduros por un llanto rajado que resultó de la conciencia de que ese aventurado mundo, es decir, las ruinas del mundo que había intentado construir contigo, terminaban cayendo ante resueltas palabras de que lo que has esperado por tanto tiempo finalmente... creo que debemos separarnos de una vez... Sí, dices, nadie merece vivir de este modo. Porque realmente no tiene sentido, ni siquiera discreto, que se intenten algunas gratificaciones que terminan dejando un poco más de zozobra y un rastro de odio que has estado viendo llegar. Pero como ocurre en estos casos se trata de lo ineludible si es que ls necesidad es poco más que una caimán dormido en un charco lodoso donde has puesto los pies desnudos: el signo de la inevitabilidad, si es que algo así fuera un hecho. Cuando te reclama por lo pañitos húmedos que se han consumido en una semana y que son exclusivamente para tu hijo -aunque encojas los hombros con una mueca de hastío y dejes en claro que nunca en la vida uso los jueputas paños- recordándote el tipo de reclamos que han ido modelando tu relación con ella en los tres últimos años. Esa es la limitación del matrimonio, la completa ausencia de una tercera fuerza -que en cierto momento es un hijo, por ejemplo- pero que en algún lapsus termina, como empezó, siendo binario: dinero y sexo, en ese orden lo siento, porque aún cuando se viene contundente, claro sin tanto gemido florido que alguna vez desembocara en un grito que podía despertar una piedra, sabes que al final de la tarde del siguiente día te reclamará tu incapacidad de proveer.

Sin embargo, no está dispuesta a dejarte ir. Una mujer siempre encuentra buenos argumentos, siempre mejores que los tuyos. Nuestro hijo todavía es muy pequeño, esperémonos a que cumpla quince y nos separamos. Es un pésimo argumento claro pero lo has dado por bueno porque sólo querías sacudirla, llamarle la atención sobre el inconveniente de la amargura como estado, como un falso que termina legitimándose al cabo de los días, de las semanas, de los meses, de los años, de las muertes de las ilusiones, de las promesas, de los intentos vanos.

Le habías dicho la noche anterior me tienes harto y ya está bien para mí: ya es tiempo de irse. Sabias, de hecho, que era algo así si bien cada tiempo tiene, por decir lo menos, su propio tiempo, indivino, coyuntural, vamos, circunstancial. Como la hermosa negra a quinientos pasos de tu casa natal, bajo la noche abrasadora que extrae de tu cuerpo todos sus elixires agrios. Aún así, ella te sostiene la mirada muchas edades por debajo de la tuya y allí en esa ciudad hermosa y opaca bajo ninguna luz en un compacto laurel te descarga un beso muy labial, sin prejuicio, sin tapujos y sin más codicia -si algo así fuera aplicable- que la competencia por los únicos cinco dólares de tu bolsa. Llevas mucho, demasiado tiempo, sin probar bocado fresco. Por eso la transacción había sido pactada desde el primer cruce de miradas. Este es tu medio, el de la investigaciones adolescentes y, en esta calle ciega, cada pasadizo es tu entrada, tu escondrijo... En ese corte de sombra la besaste lo que permitía la brevedad insoportable de un sexo transaccional. Desarrollaste los movimientos cúbicos sobre la carne dura. Necesitaste volverla de espaldas a ti para abrazarla con tu pelvis mientras incursionabas... Realmente se sintió como un viaje. Ella misma comprendió por un cuarto de hora tu necesidad y respondió calurosa. Ambos tenían clara la intención de absorber cuanto se pudiera la veleidad. Por eso hundías la mano en esa oscuridad indemostrable que esa chica ocultaba delante de ti. La hundías hasta el punto álgido que expresa el placer de cualquier mujer iniciada. Jugaste con el nudo eléctrico entre las putas de los dedos hasta tocar tu propio falo a veces entrando a veces saliendo sin ninguna alevosía. Procuraste colmarlo, procuraste infructuosamente porque un convenio sexual siempre supone una brevedad incalculada: una pared que se tira procurando aplastar un mosquito.

Nada de esto lo habías avizorado unos días antes cuando tu compañera y tu hijo desaparecían por el hueco de la atmósfera que los condujo de regreso. El haber viajado juntos, por primera vez como familia. Tu hijo había conocido un mundo que se extendía mas allá de las montañas, aun mas allá de los mares. Se había divertido con desatino pueril por las calles tranquilas de la ciudad ajena, con las chiquillas intranquilas de una habitación vecina explorando rincones.

Estas calles familiares como recuerdos ajenos. Extraños porque ahora las calles resultan vacías: un amigo por aquí, nueve por allá... Siempre es curioso el extrañamiento emocional como si esta ciudad no te perteneciera y a la vez como si esta ciudad no hubiera salido nunca de ti (porque esta ciudad tuvo tus rincones, los escondrijos, los agujeros en que hurgaste agujeros ajenos, si bien ahora no hay recuerdos sino la elocuencia de tu hijo entendiendo un universo que estaba fuera de la cazuela, bastante más ancho que el pueblito donde ha sido cuidado con esmero).

Pero debes entender que ningún suceso es permanente, ninguna suerte es un hecho. Sólo debes entenderlo. Comprender algo así te convertiría en algo parecido a un dios local, es decir, un artilugio de un dios mayor si es que algo así existe. Por eso cuando dices que este es nuestro primer viaje en familia mientras abrazas a tu esposa es apenas la intención de prodigar una expectativa confortable aunque cuentes con que las cosas no se extiendan hacia la eternidad. Piénsalo mejor, la eternidad es algo bastante tácito, es la certeza de que la vida, cuando la has vivido por varias octavas comprime el tiempo en un instante; ese es el tiempo de la eternidad y la eternidad termina junto contigo.

Estas cosas no las piensas por primera vez pues es difícil imaginarse que sigue después que te dice que le vuelve a molestar el seseo reciente en la vagina. Últimamente le ha ocurrido en una secuencia matemática a continuación de cada orgasmo final, cada vez más apagado, cada vez menos húmedo. Es su manera de recordarte cosas pasadas. Ella no sabe que hace mucho que no ruedas en piernas ajenas de manera que tal vez se trate de una trampa de esa apagada revancha que alguna mujer puede guardar por interminables años.

Tal vez la despedida de aquella mujer que dejaba recuerdos nuevos y algunos pormenores interesantes cuando parecía disparar hacia el falo una potente marea interior, mojando el vástago mientras entraba, haciendo el vaivén, tu sabes, fácil, resbaladizo, vamos, divertido. Había probado desde el inicio los dedos golpeando adentro, frenéticamente, activando la humedad y luego, te dije, la marea. Había estado un poco sorprendida porque dejabas la conversación para más tarde, porque la desnudabas flagrante, ¿de una vez?, preguntaba cuando iban entrando tus manos entre las líneas convergentes de sus nalgas. Hace mucho que no te veo, habías dicho como diciendo que la conversación ya la habías administrado. (Lo cual es cierto porque habían desayunado esa temprana mañana un pinto con huevo y algo de café con leche, que era el acuerdo tácito, un acuerdo que no había requerido de acuerdo previo. Lo consolidado durante semanas mientras reaparecía en un canal de una red virtual pidiéndote que la aceptaras como amiga aunque ya era tu amiga, la de la feria, la de una ya antigua noche en que sobre ti te dijo te amo sólo porque le pediste que lo hiciera.

Un modelo insurgente para la relaciones interpersonales

Mi primer intento literario, hace unos treinta y cinco años atrás, relataba una pesquisa por la muerte de un hombre que había ingerido cantidades absurdas de calcio. Esto habría provocado una obstrucción que perforaría alguna vía visceral irremisiblemente. Eventualmente el relato involucraba a un chico, una madre abusada y un acto de venganza. La idea del calcio en la píldoras de gelatina era propicia para un acto de stand up mejor que para un drama policiaco así que agradezco que se haya extraviado con los pliegos que la contenían. Ocurrió que por entonces uno de los notables personajes que he conocido apareció en proscenio para decirme que tenía madera de escritor. Lo dijo sin una mueca después de leer mi cuento frente a mi. Eso implicaba por un lado que podía seguir escribiendo y, por otro, que mi cuento era realmente un desperdicio. Eso ocurrió hace unos treinta y cinco años y lo que devino fue un discontinuo pero consistente flujo literario.

Aún así, siempre estuve interesado en los entresijos de la existencia -no necesariamente humana-, los principios generales, el Cosmos. De tal suerte, estudiar arte me tomó desprevenido en medio de una visión bastante más amplia que había concebido para mí. Estaba (casi) seguro que estudiaría Física Teórica. Sí, la física de las explicaciones fundamentales: evidentemente nunca fui muy dado al conocimiento práctico.

Fui un estudiante de arte poco disciplinado e intelectualmente inquieto. Ciertamente tuve profesores interesantes y al final del segundo año había creado relaciones imperecederas con algunos de ellos a quienes destino un consistente afecto después de dos décadas.

Pero en el tercer año hubo un personaje que tuvo, en lo que a mi concierne, un extraordinario mérito. Fue mi profesor de guión. Llegó un par de veces a clases dibujando una línea conocida como plot. Luego usaba el concepto para explayarse en anécdotas relativas. Muy interesantes e insustanciales. Creo que hubo un tercer encuentro. Luego se esfumó. La dirección de la facultad decidió darnos un aprobado en lugar de repetir el curso ojalá con otro profesor. Así que tuve que conformarme con un par de indicios para entender por mis propios pasos cómo se escribe un buen guión.

Eso me condujo unos pocos años después al desarrollo de un método que solía llamar "Dinámica de superficies" o algo parecido. Consistía, grosso modo, en el uso de una figura geométrica que conocía de algunas lecturas previas como herramienta de distribución de sucesos. Del total de las nueve escenas claves habían dos que servían de pivotes argumentales y una tercera que se constituía en la punta superior de un triángulo que cerraba eficazmente el relato. Las nueve escenas se describían sucintas en nueve rectángulos colocados uniformemente en un pliego. La relación entre los rectángulos confería una dinámica muy interesante a este sistema.

En algún momento descubrí que debajo de esta superficie creada con astucia más que con conocimiento, se movían fuerzas más simples. Tal vez menos poéticas –tal vez menos cósmicas- justificaban con mayor consistencia la progresión dramática. Tales fuerzas se expresan a través de los personajes. Era definitivo: me interesaba conquistar el mundo (solo debo cuidarme de Parkinson).

Siempre he creído que un escritor es un perspicaz observador con la voluntad de revelar sus observaciones con palabras aprendidas y conocimiento adquirido.

Había intuido que los personajes podían comportarse como fuerzas físicas primarias en una estructura en la cual una de ellas iniciaba el proceso dramático. Esa sería una Fuerza Activa que encontraría como opuesto directo una Fuerza Pasiva. Esa idea provenía directamente de la tradición clásica que expresa que el conflicto es el resultado de la oposición de dos fuerzas, o sea, de dos personajes, el protagonista y el antagonista. La intuición de que se necesitaba una tercera fuerza dramática provenía de otra fuente: el fractal. La unidad mínima del fractal es el triángulo. Que sea una unidad mínima tenía, como implicación básica para mi -sin entrar en otras consideraciones- que puede servir para desarrollar estructuras cada vez más complejas.

El discurso del Método Para ser exacto, el triángulo es solo una figura de referencia. En realidad sus líneas solo expresan la relación entre los personajes. Para entenderlo debo desplegar un poco los componentes de un sistema que terminó denominándose Método de Personaje cuyo principio rector expresa que la progresión dramática es el resultado de la relación de personajes. De tal suerte el núcleo dramático se compone de tres figuras. Aquel que inicia la trama representa la Fuerza Activa.

Por decirlo de alguna manera, este personaje tiene un plan A. Luego, como suele ocurrir en cualquier relato que se respete, siempre hay un personaje que se le opone y procurará arruinar el plan A con su propio programa, su plan P. Esto es lo interesante: es "P" de Fuerza Pasiva. En este pequeño mundo la Fuerza Activa y la Fuerza Pasiva son equivalentes. Siempre uso como ejemplo para mis estudiantes la imagen de un par de tipos testarudos tirando de un mecate en direcciones opuestas exactamente con la misma fuerza. Ahí no pasa nada. Es más, ni siquiera se moverían de lugar.

Sin embargo, si alguien tirara del mecate justo en el centro esos contendientes terminarían desplazándose hacia un nuevo lugar. Ese nuevo personaje, mi Fuerza Neutra, tiene –usando nuevamente un símil de la física- la capacidad de aportar energía a uno u otro personaje de Fuerza Activa o Fuerza Pasiva reorientando la trama hacia otra dirección. De tal suerte las fuerzas Activa, Pasiva y Neutra se constituyeron en el elemento fractal del Método de Personaje.

Esto tiene algunas consecuencias y nuevas implicaciones. Tal vez la implicación más importante que separa aún más el Método de la visión clásica de conflicto es que las fuerzas no son axiológicas. Básicamente esto quiere decir que las fuerzas no tienen carácter valorativo al estilo de "buenos" y "malos". La afiliación ética a un personaje se la dejamos al público. El escritor debe comprender a sus personajes con riqueza de vida y carácter.

Las fuerzas no son meros mecanismos estructurales. Hay un funcionalismo asociado a su uso. Esto quiere decir que al colocar un personaje en uno de los vértices del triángulo estamos decidiendo las premisas de su comportamiento habitual.

Un personaje de Fuerza Activa suele tener una conducta caracterizada por la acción a costa de los demás personajes. Aún cuando nuestro personaje sea un "antihéroe" su comportamiento será, en el peor de los casos, el de un héroe menor pero héroe al fin. Será quien promueva y mueva la trama. Será, en ultima instancia, quien la cierre. Este será siempre un personaje preponderante en el relato y del todo imprescindible hasta la conclusión del mismo. Por eso, probablemente, el tipo de personaje que más he estudiado.

El personaje de Fuerza Activa tiene algunas características notables como la testarudez que generalmente deriva en una completa ausencia de humildad, lo cual lo conducirá al logro de su plan o a sucumbir en el intento. Suelen ser soberbios y, en el peor de los casos, deshumanizados. Para comprender cómo un personaje ha adoptado cierto comportamiento, se debe entender los mecanismos que inicialmente lo promueve. Tales mecanismos se cuentan justo en la infancia del mismo.

Una vez que he definido mis tres personajes principales basado en esta triada de fuerzas dedico ingentes esfuerzos en construirles historias consistentes. La disposición de un personaje en una fuerza específica es el punto de inicio para entender su comportamiento matriz: Fuerza Activa quiere decir en primera instancia personaje activo. Si el planteamiento inicial es esquemático, el desarrollo de la personalidad del personaje está muy lejos de serlo. Por eso dispongo cuatro áreas de desarrollo del personaje: características generales, condiciones del carácter, biografía y elementos complementarios, en ese orden.

Las características generales se refiere a aquellos aspectos que se perciben en primera instancia. Esto es, la edad, estatura, los rasgos físicos distintivos y las expresiones de la personalidad como la amabilidad o la grosería, tal como suele ocurrir con la primera aproximación a un desconocido.

Luego –tal vez como el mayor hallazgo- desarrollo un párrafo para describir lo que llamo las condiciones del carácter. Aquí me detengo a imaginar cómo fue la infancia del personaje. Aún cuando se trate de objetos o animales las relaciones afectivas primarias son los acondicionadores del carácter.

Para cuando comienzo a escribir la biografía del personaje, su matriz de comportamiento ha sido definida y resulta bastante sencillo desarrollar las relaciones sociales con los otros personajes del relato.

Por último coloco algunos elementos más o menos azarosos para aumentar la motilidad del personaje: un color, una forma geométrica, un signo zodiacal, un tic nervioso...

Lo que ocurrió fue que en cierto momento de la evolución del Método, específicamente cuando hallé que la mejor manera de entender a un personaje es estableciendo su ontogenia, es decir, sus mecanismos de relaciones primarias con los padres, tuve la necesidad de regresarme a la triada básica. En los términos de relaciones de fuerzas tres personajes actúan de manera complementaria. Si solo fueran dos, una fuerza activa y una fuerza pasiva, tales personajes serían incapaces de proveer desarrollo dramático alguno. Para eso es imprescindible la que he denominado Fuerza Neutra.

¡Uy! ¿Será que esta es la estructura básica del funcionamiento humano?

Esta idea, fundamentada por la necesidad de controlar tanto como sea posible el entorno que ha creado, promueve una enorme cantidad de variables que un escritor experimentado manejará como un dios menor. Un escritor es un creador de mundos. La consistencia de un Dios Creador se encuentra justo en la consistencia de su creación.

De tal suerte, puedo establecer una línea de consecuencias basada en la lógica de mis investigaciones relativas al guionismo. Procurando guiones eficaces desde el punto de vista de la comunicación masiva, hallé que, al menos para mí, los relatos adquirían consistencia e interés en proporción a la riqueza psicológica de sus personajes. Cuando necesité desarrollar personajes consistentes, descubrí que la progresión dramática era el resultado de la relación directa entre ellos. Eso me condujo a la necesidad de comprender los mecanismos de tales relaciones y, finalmente, las dinámicas según las cuales estos mecanismos se habilitan. Estas son dinámicas primarias que se activan durante los primeros años de vida del personaje. En este punto fue inevitable que interpretara las dinámicas de relaciones desde la perspectiva de las relaciones de fuerzas… Entonces todo encajó resueltamente.

Aventurarme a decir aquí que las relaciones iniciales que establecen los individuos con su entorno inmediato es el disparador de los mecanismos del carácter me traerá sin lugar a dudas algunas discusiones amargas. Sin embargo, es relativamente sencillo comprender la infancia de una individuo desde su funcionamiento actual o, por el contrario, prever su comportamiento a partir de indicios de su infancia.

En individuos de Fuerza Activa siempre se encuentran relaciones de sobreprotección, presencia parcial de la figura paterna y, cuando se trata del tercer hijo, una situación de peligro para la vida por enfermedad en el primer año de vida. Sí, así de fino se puede hilar.

Realmente encuentro cuestionable que se justifiquen tantos comportamientos y tendencias del carácter desde la perspectiva de la teoría genética. Prácticamente para toda suerte de actitud hay una explicación social coherente y consistente. Como herramienta de construcción dramática permite contar siempre con argumentos para que un personaje nunca termine haciendo algo que deteriore su credibilidad como un filibustero que comienza una guerra por un amor frustrado.

¡Oh! ¿Mencioné un filibustero?

Con el propósito de desarrollar un guión para televisión he estado estudiando algunos personajes de la historia relativa a la formación de la nacionalidad costarricense. Es un relato fascinante.

Si quisiera desarrollar mi propia versión de los hechos para una serie televisiva localizada en Costa Rica durante la Campaña Nacional, eventualmente mi triada principal estaría conformada por Don Juanito Mora como Fuerza Activa, Doña Inés Aguilar Cueto su esposa como Fuerza pasiva y el General José María Cañas como Fuerza Neutra. Es un ejemplo azaroso, pero en cualquier caso se debe entender que no hay juicios de valor en la asociación de personajes y fuerzas. De los tres personajes el que conducirá el relato será Mora y por lo tanto deberá hacer, como corresponde, desde la Fuerza Activa.

Sin embargo, si quiero (re)construir un relato en su vastedad histórica, necesitaré comprometer a personajes que como sujetos "reales" de la historia jugaron un papel específico en aquello por lo cual nos interesa contar, en este caso, la formación de la nacionalidad costarricense. Entonces, tomaré de referencia a tres personajes que se vincularon en la historia por un breve aunque determinante período: Juanito Mora, William Walker y Cornelius Vanderbilt.

Ya que me interesa contar mi relato desde la perspectiva de Mora, lo convertiré en el personaje que inicia el relato; este será necesariamente mi Fuerza Activa. De tal suerte, Walker su opuesto directo se convertirá en mi Fuerza Pasiva. Ya lo dije: soy el Demiurgo de este cuento. Para lo efectos de este relato, el personaje con la capacidad de mover la línea argumental principal en una u otra dirección es Vanderbilt como parece haber ocurrido en los hechos históricos rescatados del olvido.

Estoy haciendo el planteamiento básico con el ánimo de dirigir por una vez a la atención del personaje que me interesa en la Fuerza Pasiva.

Cuando pienso inicialmente en William Walker, un hombre de carácter fuerte, violento hacia lo sanguinario en los períodos punitivos de su vida, no podía dejar de imaginarlo como un individuo de Fuerza Activa. ¿Cómo convierto un referente así en un personaje de Fuerza Pasiva? En realidad es bastante fácil si se ha observado la vida con mirada perspicaz. Los individuos de Fuerza Activa, gracias a sus perseverancia suelen ser financieramente exitosos. He conocido, sin embargo, a personas de Fuerza Activa a las que se les podría levantar verdaderos monumentos al fracaso, no solo financiero por cierto. Si bien los individuos de Fuerza Pasiva no encuentran con mucha frecuencia las visas para lograr reconocimiento, conozco casos que han logrado saltar la valla de la dependencia económica. Usualmente esto ocurre, cuando no han heredado alguna fortuna, por presiones específicas que prácticamente los han obligado a tomar acción a pesar de si mismo.

Una leyenda asociada al filibustero Walker relata que se enamoró con arrojo a una chica de 24 años con una altísima inteligencia, bella sin parangón y sordomuda. La muerte amarilla la arrebató de la vía que la llevaría a un matrimonio con Walker y este, desconsolado, decidió arremeter con crueldad contra el mundo. Una magnifica historia, sin duda, aderezada con una épica al estilo del Destino Manifiesto.

Adentrado en la historia personal de Walker se vislumbra la timidez de un chico de una belleza femenina que leía Heroism de Emerson a una madre enferma -por quien presumiblemente estudió medicina y por quien eventualmente nunca la practicó al verla partir hacia el polvo de donde todo proviene. Antes de ser filibustero fue abogado y periodista. Sospecho que la única profesión que debió disfrutar. Así que esa conducta errática, me sugiere una búsqueda de sí asociada a una discutida pero casi segura homosexualidad que debía reprimir en su ambiente familiar y que podría liberar en un entorno distante y personal. Hay mucho indicios, por no hablar de evidencias, que sostendrían tales argumentos.

En lo que a mi concierne, el punto de vista del chico Walker desde la Fuerza Pasiva ayudaría a entender las motivaciones del filibustero sangriento y desapegado a quien le tenía en Nicaragua el mote de Doña María.

¿Podría aplicarse tal conocimiento con un propósito diferente a la creación de relato dramático? ¡Ya lo creo! De hecho, si se comprendieran las relaciones interpersonales desde el punto de vista de la triada de fuerzas, se produciría, sin duda, una verdadera revolución cultural. No estoy hablando de un simple cambio de cultura en la relaciones humanas si no del establecimiento de dinámicas de interdependencias que afectaría desde las relaciones básicas de las personas hasta la producción de bienes de consumo.

El Fondo Participativo Para ponerlo en perspectiva pongo sobre el mantel un concepto que me ha rondado durante muchos años mientras terminaba de conformarse en mis pensamientos el Método de Personaje. Lo había advertido: este hombre quiere conquistar el mundo. Por cierto, ¿cómo se logra tal cosa?

Descartemos el filibusterismo como fuerza civilizadora que Walker derivó del Destino Manifiesto y, por consiguiente, el uso de la fuerza. Así que por vías no violentas, habría por estos días tres vías para conquistar el mundo.

La primera es levantar una fortuna. Esto implica que tus logros, por muy grandes que sean, provocarán cambios que proveerán glorias mientras vivas y tal vez durante los próximos cien años de manera menguante. Serían logros individuales y tales logros tienen necesariamente un alcance limitado. La segunda opción es una revolución social la cual siempre es absorbida por el sistema político rector restituyendo, con el tiempo, la cultura previa con algunas variaciones. Las revoluciones sociales proveen motilidad cultural aunque no necesariamente cambios fundamentales sin importar a cuantos individuos involucre. Sé que es una simplificación pero sirve para lo que interesa aquí.

Diría que el tercer camino es el de la evolución sicológica pero a final de cuentas, si la transformación no se generaliza nos mantenemos en la actual cultura pre-moral donde es fácil justificar bondad y crimen por igual. Así que mi propuesta, aunque transformadora, por el momento sigue siendo cultural. Le he llamado Fondo Participativo.

Se trata de un fondo socio-económico de mejoramiento integral de la Vida. También se puede entender como un mecanismo solidario de aportación de valor y como red de intercambio de servicios que reuniría a individuos de cualquier procedencia sin distinciones sociales o económicas de ninguna índole.

El Fondo Participativo estaría basado en tres pilares: relaciones interpersonales, salud y, por supuesto, finanzas personales. El mejoramiento de estos aspectos implicaría el desarrollo de mecanismos específicos como el Fondo Acumulado Anual que se reinvertiría en proyectos propuestos en un concurso anual por los afiliados.

Como la red en que se constituiría, el Fondo Participativo proveería un marco de relaciones único basado en estructuras funcionales mínimas que serán conocidas como Triadas de Proyecto –¿le suena familiar?- en las cuales el afiliado comprende y hace uso de sus capacidades como individuo para aportar energía y valor a un sistema, sea una empresa individual, un proyecto colectivo o el Fondo Participativo como totalidad.

En este sentido el Fondo promovería un ámbito social en el cual se generarían y fortalecerían relaciones humanas versátiles entendiendo que el éxito de uno sería el éxito de todos. Por su propuesta estructural, el Fondo no propiciaría relaciones condicionadas por el dinero ni por las ventas como ocurre en las redes de mercadeo.

En cuanto a la salud –un asunto de una innecesaria vastedad por estos días- el argumento más importante de momento sería el cambio de cultura de relaciones interpersonales y de vida. En una estructura funcional autorregulada como sería el Fondo Participativo, las personas no desarrollarían los mecanismos de auto-protección que conducen a la enfermedad. Explicar eso haría más extensas estas reflexiones.

Antes relacioné el alzheimer y la tendencia de la personalidad hacia el control de terceros. Esto ocurre mayoritariamente en individuos de Fuerza Activa. Por eso regularmente se encuentran los casos de alzheimer en personas que detentan o han detentado poder o bien un alto reconocimiento público en su ámbito.

El Fondo Participativo prosperaría proporcionalmente con el interés de sus afiliados en desarrollar sus propios proyectos. Alentaría el desarrollo de emprendimientos personales planificados y presentados a un concurso anual por una Triada de Proyecto. El crecimiento del

Fondo Anual Acumulado estaría basado en la cantidad de afiliaciones que aportarían financiamiento a los proyectos.

Por esta razón uno de sus principios sería la duplicación, un mecanismo que ha sido sugerido por la estrategia más eficaz de adaptación que se conoce. Me refiero a la duplicación bacteriana. La bacteria, una vez que logra entrar a un organismo vivo transmite su ADN a una nueva célula duplicándose en esta, la cual a su vez transmitirá su ADN a una nueva célula duplicándose en esta y así sucesivamente. Cada veinte minutos una bacteria de convierte en dos. Veinte minutos después se convierte el cuatro. Veinte minutos después se convierte en dieciséis. Unos veinte minutos más tarde, es decir, apenas una hora veinte minutos después ya son doscientos cincuenta y seis. Pasada la siguiente hora la cifra es impronunciable: 18 446 744 073 709 551 616. Si en lugar de bacterias fuera dinero, se comprenderá el verdadero alcance de la duplicación.

Un Fondo Participativo implicaría transmitir un conocimiento de manera tal que quien lo recibe esté a su vez en condiciones de trasmitirlo con la misma exactitud con que fue recibido. La duplicación fortalece la red estructural y económicamente generando el fondo económico sin el cual no podría funcionar.

La solidaridad que propone el Fondo Participativo está orientada al conocimiento dinámico: en lugar de pez y pan, el conocimiento con el que se obtiene el alimento. Y más allá de eso, además del conocimiento, también la caña de pescar y el horno.

Cualquier persona si es orientada y respaldada, llegará más temprano que tarde a mejorar su condición actual y por añadidura, las de las personas de su entorno inmediato.

La característica más sobresaliente de esta propuesta es que se trataría de un Fondo Solidario. Esto tendría por lo menos tres implicaciones directas: El costo de la afiliación sería de aproximadamente un uno por ciento del salario mínimo establecido lo cual permitiría el ingreso de cualquier persona sin importar su estrato social. Como he advertido antes, los ingresos netos del Fondo Participativo se re invertirían en proyectos elegidos de manera consensuada por los afiliados.

Por supuesto, aún nos encontramos en la superficie visible de un iceberg. La implementación de este Fondo Participativo contemplaría un conjunto bastante interesante de consideraciones como el propio cuerpo de conocimientos que deberá ser duplicado, las mecánicas propias de la afiliación, la aportación inmediata de valor al recién llegado, las responsabilidades que adquiriría cada parte, los períodos para la presentación de proyectos, la participación de las partes en los emprendimientos y el valor aportado no solo para la Triada de Proyecto sino para todo el Fondo Participativo, entre otros múltiples asuntos.

Sí, he dedicado años a pensar en esto. En este punto, como escritor cuyas ideas han derivado de una suerte literaria a una propuesta de evolución psico-social, mis opciones para llevar adelante un proyecto de tal magnitud estará necesariamente relacionado con mi capacidad para -¡oh, sí!- hallar los vértices complementarios de mi triada. Mientras tanto debo contentarme con la construcción teórica de un mundo posible.

El libro y la serie

Lo que verás a continuación es una expresión de lo que a menudo ocurre cuando trabajas bajo la presión de fechas de entrega y por eso los personajes se ven más como esbozos. Pero hay otro argumento.

Cuando desarrollas personajes, una importante información, por su propia naturaleza, revela mucho de lo que será las LAP y LAS. Eso es oportuno para uno como escritor. Es desde muchos puntos de vista inconveniente para el actor e, incluso, para el equipo de producción. Ni que decir que la audiencia debe enterase de lo que ocurrirá sólo cuando sea exhibida.

Cualquier filtración en cualquier dirección, resultará, por mucho, inconveniente. Así que las biografías no serán reveladas completamente si no en la medida en que el Relato lo amerite, a fin de mantener a buen recaudo las Líneas Argumentales.

Una observación final. Te muestro el guión que terminó grabándose que nunca fue concebido para si no como un ejercicio de producción, por lo cual no pude considerarse un Piloto. Esa es la razón por la cual el comienzo resulta largo o, para ser más preciso, ha perdido un poco su carácter televisivo. Esto ameritaría un análisis de caso pero lo encuentro irrelevante en el marco de este libro.

Mi interés ahora es que veas como suele trabajarse lo que se conoce como Biblia de Producción y como introducir el conocimiento del Método a fin de poder controlar una gran cantidad de personajes.

Puede ver el resultado con sus logro e imperfecciones en mi canal de **Vimeo**: Said Orlando, Gente como nosotros.

Biblia de Producción (Fragmento)

Título: Gente como nosotros

Tema: El amor

15 capítulos de 50 minutos

Idea: Un muchacho, que se encuentra de visita en la casa de sus padres, conoce a una beldad local produciendo una interferencia en el negocio familiar.

Sinopsis General:

Michael regresa a Costa Rica después de muchos años estudiando en los Estados Unidos. Su familia, de origen italiano arraigada en Costa Rica desde hace un siglo, tiene el hotel más próspero de la zona y un gran negocio por debajo de la mesa del que prefieren mantener alejado al benjamín de los hermanos. Michael conoce a una chica local y prendado de su extraordinaria belleza procurará quedarse en contra de los designios de su padre. Esto provoca toda suerte de conflictos familiares. En el ínterin una "guerra fría" se ha desatado por el interés de las otras "familias" de participar en el próspero negocio ilícito de los Boschini.

Argumento General:

Michael ha llegado a Costa Rica por unas muy cortas vacaciones para el cumpleaños de su papá. El lugar al que ha vuelto ha cambiado de ser un pueblito perdido en la nada para convertirse en una zona turística próspera cuyos principales desarrolladores son tres familias dentro de las que se encuentra la Boschini como predominante.

Caminando por la playa Michael halla a Minerva, una beldad local, de la cual se enamora perdidamente y que terminará cambiando sus planes de regresarse a continuar sus estudios militares en los Estados

Unidos. Esto traerá complicaciones al resto de la familia que pretenderá ocultarle la naturaleza de sus negocios actuales y las implicaciones que tiene la implementación de un nuevo modelo de negocio implementado en años recientes con las otras con las otras familias.

Esto desatará una "guerra fría" que la familia procurará evitar que se convierta en violenta mientras Michael se encuentre en el país.

Adicionalmente, el cura del pueblo, cuya participación en la pacificación del mismo, ha recibido la visita de una investigador de la capital que viene con la intención de escarbar en el oscuro pasado de algunos de los habitantes más ilustres de la comunidad.

En medio de esto, un joven del pueblo comienza a emerger como una amenaza que puede llegar a cambiar la correlación de fuerza entre las tres familias establecidas.

Némesis, que tiene una historia anterior con la familia Boschini, volverá a enfrentarla por motivos de unos de sus negocios en la capital en el cual infortunadamente ha intervenido Marco. Esto alimentará negativamente la "guerra fría" que se está desarrollando entre las tres familias. En un acto de astucia Némesis prepara una situación anómala que trae atención mediática al pueblo, algo que los Boschini no pueden de ninguna manera permitirse. Es Oscar, el estratega de los Boschini, quien descubre la trama, pero es Michael quien propone una estrategia para neutralizarlo matando dos pájaros de un solo tiro: Lo pone a través de terceros en contacto con la Susan, una madura y atractiva mujer que hará que Alfonso, el investigador, pierda su enfoque. Para lograrlo Michael permitirá que la Bella Claudia obtenga la cercanía con él que ha estado buscando desde su llegada al pueblo. Esto provoca a Minerva, que, al no entender la jugada decide romper con Michael.

Némesis termina peleando a mano limpia con Marco. Esa pelea la detiene Fiorella. Entonces se devela un profundo secreto. Esto trae la reconciliación de regreso.

Michael, que ha decidido quedarse y ante la negativa de Minerva de volverlo a ver, decide casarse con la Bella Claudia, pero durante la ceremonia es la propia Minerva quien se opone a tal matrimonio y sus argumentos son los suficientemente consistentes parta que Michael termine casándose en el mismo acto con ella.

Locaciones:

- Iglesia. Pequeña y sobria. Con cierta elegancia de pueblo próspero.
- Playa. Litoral de arenas blancas con fondo selvático o floresta tupida que parezca bosque.
- Hotel Gaia (Lugar de los Boschini: Habitaciones de Marco y Fiorella, Michael, Doña Yaya y la oficina de Marco). Suntuosidad, jardines perfectos y piscina. Amplios exteriores. Debería tener playa y bosque alrededor. Aquí va a ser la fiesta.
- Casa de Minerva. Modesta y relativamente pequeña. Bien arreglada.
- Bar La lengua encantada. Oscuro con luces incidentales especialmente en la barra. Pequeño escenario para una o dos personas, con spots de colores.
- Casa de Némesis. Lujosa y tradicional.
- Casa de Salomón. Casa moderna y elegante de nuevo rico
- Ciudad costera o pueblo. Calles. Casas bien arregladas. Casas suntuosas.

Personajes en orden alfabético:

Alfonso, (Fz. Pasiva), 32. Carácter frio y reservado. Fue modelo hasta que descubrió su pasión por los misterios y se convirtió en investigador privado. Investigador que ha llegado al pueblo detrás de un rumor. Detrás de su dureza podría esconderse una fragilidad relacionada con una madre enfermiza y un padre muy exitoso y agresor. Conoció a Susan en un concurso que ella patrocinaba y ha tenido una relación complicada con aquella, tal vez por una homosexualidad reprimida que esconde con un falso amor hacia aquella. Ha sido contratado para dilucidar un misterio. Eventualmente está huyendo de Susan y por eso ha llegado a este pueblo.

Representa la tenacidad. Plan: Atrapar al fantasma.

Andrea, (Fz. Activa), 22. Belleza exuberante. Parece dócil pero es provocadora y explosiva como su belleza la cual aprovecha para obtener los favores de Némesis. Su extrema fogosidad la poner al límite todo el tiempo.

Representa la voluptuosidad. Plan: Ser la mujer de Némesis y vivir como una reina.

Bartender, (Fz. Activa), 35. Es el administrador del bar La lengua dorada.

Representa la servidumbre. Plan: Convertirse en el dueño de su propio bar.

Bella Claudia (Fz. Neutra). 25. Tiene una belleza que compite con Minerva. Es de una astucia peligrosa y busca alianzas que le permitan desviar la atención que Michael le dispensa a Minerva. Es una enemiga no declarada de Minerva. Proviene de buena cuna.

Representa la belleza. Plan: Formar parte de los Boschini.

Damian (Fz Activa). 27. Es el medio hermano de Fiorella al cual lleva muchos años sin ver y probablemente no reconocerá hasta muy tarde.

Representa la displicencia. Plan: Pasarla bien sin importar a quien afecte.

Carlos (Fz Neutra). 17. Es el hermanastro de Minerva. Suele darle con mucha frecuencia la razón a la madre y por eso la relación con la hermana no es precisamente fluida.

Representa la displicencia. Plan: Pasarla bien sin importar a quien afecte.

Carlota (Fz Activa). 22. Es la hermanastra de Raúl pero no le habla porque lo considera un extraño. De manera que sólo le habla a través de la madre. Hermosa y peligrosa con la habilidad de influir en todos sus nodos inmediatos (Francini y hasta en la Bella Claudia de quien es amiga). Es enemiga declarada de Minerva porque la ve como un obstáculo para tener una buena relación con Javi. En realidad es enemiga de todo el mundo.

Representa la impaciencia. Plan: Casarse con Javi.

Catalina, (Fz Pasiva). 30. Es la compañera de Némesis a quien conoció en condiciones todavía veladas cuando era muy joven. Tuvo un hijo con Némesis que perdieron en circunstancias que involucran un accidente automovilístico y una misteriosa llamada. Némeiss guarda un profundo sentimiento de culpa sobre esto. Todavía muestra una belleza discreta pero firme de manera que suele parecer más joven. Némesis se la trajo de San José, donde la conoció. Es la única hija única de un inmigrante español que llegó a Costa Rica durante la Guerra Civil Española. Esta es la hija de su vejez con la empleada de la cual Catalina no ha tenido referencia nunca. Sólo sabe que su posesivo padre le quitó la patria potestad y la alejó de sus vidas. El padre de Catalina murió hace quince años cuando Némesis se la lleva a vivir con él y con quien ha tenido una relación primero discreta y desde hace unos pocos años, pública. Ella lo ama y respeta pero resiente que él no halla querido casarse. Suele llegar tarde a todos lados.

Representa el servicio. Plan: Mantener su estilo de vida.

Chang, Secuaz de la tercera familia (Fz Activa). 24. Tico de origen chino. Gran conocedor de artes marciales. Una máquina asesina perfecta. Fue traído de niño como parte de un grupo de tráfico humano. Logró escapar. Habla perfectamente el español.

Representa la inocencia. Plan: Abandonar la violencia.

Charlie, Secuaz 3 (Fz Pasiva). 26. Feo, apagado y tartamudo. Aunque parece fiel a Michael, en realidad responde a Oscar que lo puso junto al primero para que lo cuidara en su estadía en los Estados Unidos. Es tartamudo excepto cuando se enfurece. Cuando cumple ordenes suele ser exacto sin dudas aunque con remordimientos posteriores porque es muy católico. Charlie no es su verdadero nombre. Charlie y el malandro Raul se conocen de antaño. Charlie ama secretamente a Fantasy. Por esta razón se convertirá en un enemigo no declarado de Raul.

Representa la inocencia. Plan: Abandonar la violencia.

Colegiala, (Fz Pasiva), 16. Muy guapa y poco consciente de su belleza. Es muy inteligente hasta un punto en que puede discutir de asuntos que no parecen corresponder con una chica de su edad. Es habilidosa con las manualidades y con la palabra, pero suele desperdiciar sus talentos en tareas inútiles. Es, probablemente, la portadora de un profundo secreto relacionado con el Padre Trueba que ni uno ni otro conoce. La afinidad entre ellos es genuina y desinteresada aunque esta chica no profesa fe alguna sino una reverente admiración por el Padre. Es la única persona del pueblo que logra sacarlo de paso sea por sus comentarios o acciones en relación con Carlos con quien coquetea todo el tiempo poniendo el noviazgo de aquel en entredicho. Tiene una extraña y difícil relación con el papá.

Representa la candidez. Plan: Huir de su casa.

Doña Carmen, (Fz Pasiva). 49. Madre de Raúl y madre natural de Carlota. Su gusto por hombre de raza negra se ve reflejado en sus dos hijos que son de relaciones diferentes. Más que un gusto es una perentoria debilidad por lo que todo el tiempo se mete en situaciones embarazosas.

Representa lo festinado. Plan: Volver a tener un hombre negro como compañero.

Doña Yaya , (Fz Neutra). 52. Ha sido y es la empleada de la familia desde tiempos inmemoriales. No se tiene claro sus orígenes pero deben estar relacionado con las guerras de familias treinta años antes cuando Don Marco era sólo un joven llamado Marco Boschini. Eventualmente perdió a su familia de sangre o sencillamente perdió contacto permanente con ella. Tiene filosofía y paciencia para repartir. Sabiduría como una fuente y una paz de santa. Gran conversadora. Todos en la familia Boschini le confían sus asuntos. Conoce pormenores y secretos familiares y los administra con salidas salomónicas.

Representa la sabiduría. Plan: Traer la paz a la familia Boschini, a la que considera propia.

Ernesto, (Fz Neutra). 49. Buen talante. De buena cuna. Director de un concurso de talentos que recién se está armando. Conoció a Susan en San José en un bar y quedó prendado. No vuelve a verla hasta que llega hasta Némesis traído por el bartender en relación con el problema que está teniendo con la familia Boschini.

Representa la soberbia. Plan: Convertir a Susan en su mujer.

Fantasy (Fz Activa). 27. Belleza moderada pero muy atlética. Una chica sin familia y, antes de regresar a Costa Rica, sin patria. Perdió la conexión con sus parientes de sangre hace muchos años cuando subió a un avión para nunca volver. Este nombre de fantasía lo adquirió en un nigth club donde conoció a Michael e hizo fuertes lazos de amistad con él. No se sabrá nunca si alguna vez tuvieron algo más pero de alguna manera Michael la protege sin segundos intereses. Alguna vez Fantasy hizo que Charlie, la sombra de Michael, perdiera la virginidad. (Esa historia una día se va a contar: cómo Michael conoció a Fantasy).

Representa la ambivalencia. Plan: Ser aceptada en una familia.

Fiorella (Fz Activa). 38. De una belleza exótica y, a pesar de su madurez, de una edad difícil de determinar. Originaria de la Guyana Francesa, tuvo una infancia de princesa gracias a unos padres permisivos que la consintieron sin restricciones por lo cual conoció medio mundo antes de los dieciséis años. Tres sucesos casi simultáneos marcaron un giro inesperado: queda embarazada muy joven gracias a su temperamento impulsivo y soberbio, muere su madre de un cáncer y, por si fuera poco, el hermano mayor aprovechando el impacto de estas muertes súbitas recogió firmas durante la vela de la madre en un documento que usó para hacerse con toda la fortuna de la familia. Posteriormente descubrió que se trataba de un medio hermano y que había urdido ese plan por años. Regresó a Costa Rica buscando la protección de un padre que apenas la conocía y que se encontraba enfrascado en una guerra de "familias".

Representa la protección. Plan: Mantener a sus hijos con vida.

Francesco (Fz Activa). 26. Es el hermano mayo de Michael. Mano derecha de Marco y el hombre fuerte del clan después de aquel.

Representa la fuerza. Plan: Convertirse en la cabeza de la familia Boschini.

Francini (Fz Pasiva). 22. Amiga de la infancia de Minerva. Es su mejor amiga. Es de una belleza un poco inferior a la de aquella y por eso la envidia de manera subrepticia. Es muy sugestionable e influenciable y por eso Minerva debe velar por ella.

Representa la amistad. Plan: Cuidar a su amiga porque confía en que mejorando aquella mejorará ella misma.

Javi, (Fz Neutra), Amigo de Francini y eterno enamorado de Minerva aunque es básicamente un amor platónico porque Fancini no le permite llegar a ella. Él a su vez es el amor platónico de Francini y, probablemente, tiene amoríos con Carlota. Su amor platónico por Minerva la tiene herida de muerte.

Representa la liviandad Plan: Hacerse millonario con una fábrica de tablas de surf.

Jeremías, (Fz Pasiva). 75. Jardinero de los Sáenz desde época inmemoriales. Sabe todo de la vida de Némesis, incluido su más guardado secreto.

Representa la fidelidad Plan: Vivir en paz hasta sus últimos días.

Karla (Fz Neutra). 37. Administra una casa de citas. Hermosa. De origen probablemente brasileño. Fue con quien probablemente Francesco perdió su virginidad. Actualmente Francesco la gobierna a su antojo. Aún destaca en hermosura y está claro que vive para él a quien definitivamente ama. Pero le sirve con propiedad. Tiene una extraña relación con SN1 y SN2.

Representa la eficiencia Plan: Sueña con convertirse en la mujer de Francesco

Lola (Fz Pasiva). 40. Le gustaría ser italiana pero está claro que no lo es. Se muestra como la madre de Minerva pero hay algo que no encaja. Tampoco se entiende su relación con Marco.

Representa el consentimiento Plan: Retener a sus hijos consigo

Lupe (Fz Neutra). 55. Es una nicaragüense con muchos años con Némesis. Es, junto con Jeremías, sus dos empleados de mayor confianza. Ellos, Lupe y Jeremías, tienen una historia y un hijo en común pero nunca le han hecho saber al patrón. Sin embargo Némesis ayuda a aquel sin que aquellos lo sepan.

Representa la constancia Plan: Reconquistar a su hijo

María Vanessa. (Fz Pasiva). 39. Es la madre de Vanessa

Representa la pasividad. Plan: Ser una diva.

Marco Boschini. (Fz Neutra). 52. Es el papá de Michael. Carismático. Manipulador hasta la muerte inclusive. Tuvo una infancia inmejorable hasta que el papá tocó intereses de un Renombrado político por lo cual estuvo encarcelado hasta que murió en circunstancias dudosas. Hace mucho años que vive en el pueblo a donde llegó por apartarse de los barullos de la política capitalina. Se enfrentó con quien era el el hombre fuerte en esta comunidad matizada por el cacicazgo ganándose un lugar. Su negocio es el turismo.

Representa el poder Plan: Mantener su preponderancia por encima de las otras familias.

Michael (Fz Pasiva). 23. Buen mozo. Llama la atención donde quiera que está. Muy fuerte físicamente. Tiene formación militar. Pacífico y reservado mientras las circunstancias no lo conduzcan a una situación inesperada a la que suele responder de manera creativa porque ciertamente es muy imaginativo. Es muy eficiente en lo que quiera que haga a fuerza de una disciplina impuesta exteriormente. Su papá lo ha tenido alejado del país para que no se vicie con sus negocios locales. Michael lo respeta y hará siempre lo que éste le pida.

Representa la adaptación Plan: Quedarse en Costa Rica.

Minerva (Fz Activa). 21. Una auténtica e irrefutable beldad de un fuerte carácter que la vuelve en ocasiones impulsiva. No se sabe quién es su verdadera madre. Hay un profundo secreto en esto. Fue dada en adopción a Lola quien la ha cuidado como suya y la quiere como tal.

Probablemente un sentimiento de culpa ha promovido que Lola sea muy permisiva.

Minerva tuvo una infancia muy difícil que ha solapado con mejores día de manera que tiene alguna noción de lo vivido cuando Lola deja escapar indicios de un pasado triste. Por eso cuando aquella Dice que no sabe de donde su hija ha sacado tanta firmeza de carácter en realidad está mintiendo. Minerva tiene a veces la idea de que Lola no es su verdadera madre, aunque nunca se lo toma en serio.

A pesar que haberla criado como a su hija, Lola no es muy cariñosa con la hija. Minerva responde esto de dos maneras: llama a Lola por su nombre y es muy cuidadosa escondiendo una peligrosa fragilidad: puede ceder al cariño de un hombre con pocas palabras amables. Su primer amor fue un chico de colegio que le arrebató la Bella Claudia a quien tuvo por amiga durante un período de su vida.aunque ella siempre ha creído que que él actuó como un pelele. Desde entonces desconfía de todos los hombres. Nunca ha tenido una relación consistente y probablemente es aún virgen.

Representa la desconfianza Plan: Salir del pueblo y convertirse en una mujer exitosa y de mundo.

Némesis Sáenz (Fz Neutra). 56. El antiguo oponente de Marco de quien este obtuvo su poder y posición actual. En el balance final de fuerzas, a cambio de una cuota de poder, Némesis tuvo que ceder su joya más valiosa, la cual ha valido por un equilibrio duradero entre todas las familias. Nunca ha estado casa y no lo está con Catalina. Sigue manejando una inmensa fortuna y le gusta relacionare con mujeres mucho más jóvenes. Su negocio es el café.

Representa la manipulación. Plan: Colocar su café en la Bolsa.

Oscar (Fz Neutra). 25. Es el menos agraciado de los hermanos de Michael. Extremadamente inteligente. Es curioso que sea el único con un nombre no italiano.

Representa la inteligencia. Plan: Ser el poder detrás del trono.

Otto, *Secuaz 2* (Fz Activa). 35. Fino en el vestir. Parece un dandy de lo refinado que se ve. Pero su imagen es engañosa. Un absoluto hijo de puta que no tiene ningún problema en mentir y prometer. Es un personaje realmente oscuro con iniciativa propia. Muy peligroso.

Representa la elegancia. Plan: Convertirse en el segundo al mando.

Pablo Esquivel (Fz Pasiva). 28. Productor televisivo encargado del concurso Canción con aroma de café un concurso creado para promocionar una nueva marca de café gourmet que Némesis ha desarrollado de manera secreta.

Representa la astucia Plan: Mantener su perfil bajo.

Padre Trueba (Fz Activa). 70. Hombre que refleja un pasado de hombre apuesto y conquistador. Tiene una risa permanente con una dentadura perfecta. Algo esconde de su misterioso pasado: un dolor profundo al que se sobrepone haciendo el bien. Tiene la voluntad de diez hombres y ha logrado con astucia y negociación traer tranquilidad al pueblo.

Representa la astucia. Plan: Mantener su anonimato.

Paola, *Travesti* (Fz Neutra). 29. Esplendida en belleza, soltura y aplomo al hablar. Es tan femenina y sutil que nunca se sabrá que hay un hombre encarnándola.

Representa la elegancia. Plan: Convertirse en mujer.

Paolo, *Lesbi* (Fz Activa). 25. Ha tomado el nombre de su amiga travesti Paola. Conoce a Karla.

Representa el mimetismo. Plan: Convertirse en el mayor galán del pueblo.

Patricia (Fz Pasiva). 16. Es la hija de Patricio y ayuda a la madre con el hotel de Némesis.

Representa el mimetismo. Plan: Convertirse en el mayor galán del pueblo.

Patricio (Fz Activa). 35. Es el hombre de confianza de Salomón que está administrando el hotel que aquel recientemente ha construido a espaldas de las otras dos familias.

Representa el mimetismo. Plan: Convertirse en el mayor galán del pueblo.

Raúl, Malandro (Fz Neutra). 27. Es probablemente una replica de joven de Marco. Fue el novio de Minerva con quien tuvo un romance a escondidas hasta que la madre se enteró. Es carismático, buen mozo, inteligente pero torpe, muy torpe (tendrá una curva de aprendizaje para superarlo). Quiere ser como aquel pero tal vez nunca llegue a conocerlo. Fue adoptado por Doña Carmen en circunstancias poco claras. Tiene un rasgo que lo hace muy chistoso: suele "jalarse tortas".

Representa el esplendor Plan: Llegar a tener las más poderosa "familia" del pueblo.

Rosetta (Fz Pasiva). 27. Este es un apodo de los hermanos que el padre resiente. Tiene una homosexualidad reprimida que el procura ocular con relaciones con mujeres casuales y diversas hasta que conoce al Travesti Paola.

Representa la cultura Plan: Convertirse en el artista más reconocido del país.

María José-Secuaz 1 (Fz pasiva). 25. Hermosa y tosca. Es una fuerza ciega que cumple ordenes sin cuestionamientos por eso le llaman José. Detrás de una belleza incuestionable es una máquina poderosa para resolver problemas pesados sin preconcebir nada. Por algunas actitudes pareciera en ocasiones que es lesbiana pero en realidad puede disfrutar cualquier de los dos sexos con igual intensidad. Normalmente se le verá relacionada con hombres con quienes establece una suerte de lazo de viuda negra, debido a lo cual nadie conocido se le arrima con expectativas sexuales. En ese sentido solo se relaciona con extraños para lo cual suele viajar a la ciudad como de cacería a espalda de sus patrones (al menos es lo que ella cree). Se entrena continuamente en artes marciales y técnicas de combate.

Representa lo instintivo Plan: Convertirse en un arma perfecta.

Salomón, (Fz. Neutra). 49. Bajito y regordete. Su apariencia noble esconde un carácter fuerte y en ciertas ocasiones dominante. Es el patriarca de la tercera familia mas poderosa del pueblo con quien se ha establecido un equilibrio histórico. Sin embargo, últimamente ha estado faltando a sus compromisos enviando gente a otros hoteles en lugar de los de Marco. Su esposa es María Vanessa. Su negocio es la comida. Es el dueño del restaurante más famoso del pueblo.

Representa la volubilidad Plan: Ser el poder detrás del trono

Susan, (Fz. Activa). 32. Trigueña y bella con un acento indefinido. Tiene un negocio de modas y está relacionada con el mundo de la televisión desde que ganara un importante concurso de belleza. Conoció a Alfonso en uno de los concursos que ella patrocina y vino detrás de él por quien siente una loca atracción física. Conoce a Catalina con quien establece una amistad muy cercana y a través de esta a Némesis.

Representa la volubilidad. Plan: Ser el poder detrás del trono.

Vanessa, novia de Carlos, (Fz Activa). Es la hija de Salomón el patriarca de la tercera familia. Tiene gran influencia en la madre de Minerva a través de Carlos y suele crean problemas superfluos. Por si fuera poco tiene habilidad para manipular a Francini la mejor amiga de Minerva.

Representa la malicia. Plan: Ocupar el lugar de Carlota en la vida de Javi *Washi*, (Fz. Neutra). 32. Posee mucho carisma y energía. Es un show man buscavida que Némesis patrocina. Ha dejado seducir por Andrea (tal vez Némesis lo sabe) y se arriesga a poseerla aprovechando los espacios que deja libre su patrón.

Representa la deslealtad. Plan: Independizarse de la tutela de Némesis y desarrollar su propia empresa de espectáculos.

Estructura de personajes:

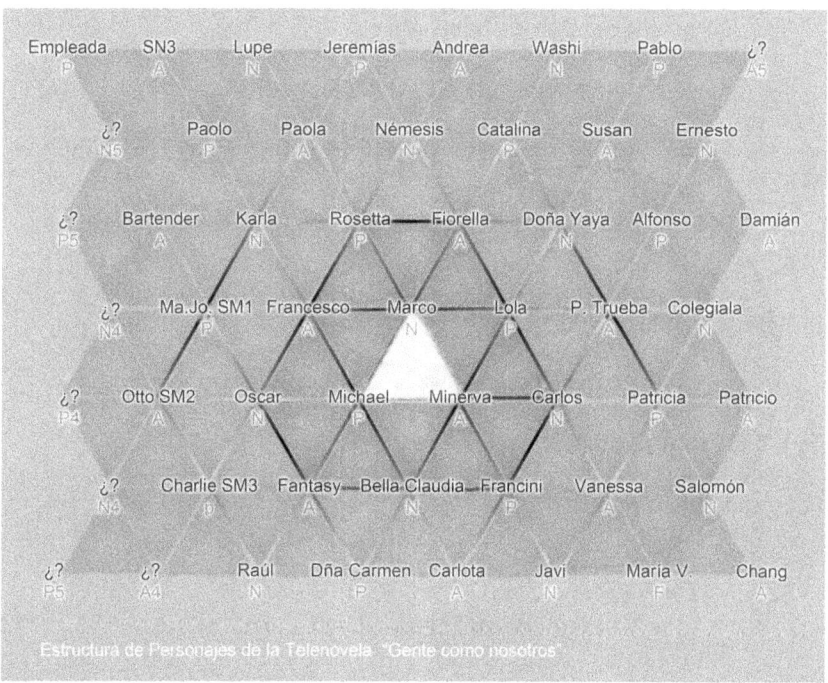

Posibles finales de la Primera Temporada

- Michael y Minerva se casan
- Padre Trueba halla a su nieta y se devela el misterio de su vida
- Raul entra en el circuito de las "familias" junto con Fantasy

- Némesis y Susan se unen con propuesta de matrimonio
- Fiorella encuentra a su medio hermano y hace las paces
- Catalina y Alfonso de casan
- Andrea consigue su propio apartamento casándose con Ernesto
- Rosetta se convierte en un cantante reconocido
- El bartender abre su propio bar de cerveza artesanal suministrada por los Boschini
- Karla se pone su tienda de ropa a la medida
- Carlota se casa con Javi poniéndose una fábrica de tablas de surf

Macroescaleta

- La bienvenida (Piloto)

Tema: El amor-El odio.

Personaje invitado: Raul

  Minerva-Michael

   Se conocen en la playa

   Michael salva a Minerva

   Se enamoran pero...

  Némesis-Marco

   Némesis obtiene un reclamo de Catalina

   Némesis habla con Andrea por teléfono poniéndose en evidencia con Catalina

Némesis va con Catalina a la fiesta de Marco y allí se encuentra con Andrea.

Raul-Fantasy

Raul conoce a Fantasy y le promete que se hará rico

Sinopsis (primer capítulo).

Minerva es alcanzada por su amiga Francini con quien tiene una conversación en la que muestra su carácter fuerte y rebelde. Michael camina por la playa cuando es abordado por su amiga Fantasy. Mientras tanto en la Casa de Marco hay una discusión para ver como ayudar a Rosetta con el concurso de canto. Michael conoce a Minerva y se vuelven locos el uno con el otro: hablan, se susurran, se besan, juegan, se aman…. Lástima que Fantasy llegue para arruinar la ilusión de Minerva. Mas tarde en una mansión donde Minerva trabaja ocasionalmente como mesera descubre que la fiesta en la que está sirviendo se encuentra Michael, el hijo del anfitrión.

Glosario

A1: Fuerza activa de la tríada principal; uno de los tres personajes que construyen el conflicto.

Acción dramática: Es el conjunto de situaciones y sucesos en el que el conflicto se despliega.

Acción física: Ejercicio muscular y motor con que el personaje pone en evidencia sus emociones y pensamientos. Es la base del suceso.

Agotamiento de los mitos: Uso intensivo de algunos relatos culturalmente establecidos que ha conducido al empobrecimiento del relato multimedia.

Antinomia: Termino adoptado por la lógica y la filosofía para referirse a cierto tipo de contradicciones. El Método de Personaje lo usa en un sentido de oposición directa del tema.

Argumento: Exposición del relato con una extensión variable entre media página y más de quince, dependiendo el tipo de producto multimedia. A diferencia de la sinopsis que cuenta en relato de manera lineal, en el argumento se cuenta tal como lo apreciaría el perceptor.

Axiología: Es el estudio de la naturaleza de los valores. Con este término el Método de Personaje se refiere a la necesidad de evitar una perspectiva dramática basada en algún valor, especialmente el "Bien" y el "Mal".

Biblia de Producción: Es el libro en donde se compendia la información relativa a la película o serie. Incluye los personajes con sus descripciones, sinopsis y argumento. Cambien incorpora los datos de los responsables de la producción.

Carácter *valorativo*: Que tiene una perspectiva axiológica. Véase **Axiología**.

Clímax: Punto más alto del crecimiento dramático, donde el conflicto se resuelve. Ocurre al final del relato.

Comportamiento social: Construcción externa del personaje: apariencia física, expresiones habituales, vestimenta y otros elementos que lo caracterizan en primera instancia, en el mismo sentido que cuando se conoce a una persona sin tener referencias previas. Lo que parece ser. Se aplica a cualquier personaje aunque no sea humano.

Condición inicial: Circunstancias en medio de las cuales inicia el relato y que deriva en consecuencia en todo su largo. Justificación del conflicto.

Condiciones del carácter: Circunstancias que modelaron el comportamiento social del personaje, las cuales se circunscriben a los primeros cuatro años de vida. No se establecen de manera cronológica como ocurre con la biografía del personaje.

Conflicto: Estructura triádica de fuerzas en las que se expresan los Objetivos Dramáticos de los personajes provocando el Relato.

Crecimiento dramático: Aumento de la intensidad de las Situaciones y de los Sucesos que procuran una respuesta emocional del perceptor.

Cultura: Conjunto de modos de actividad de un grupo humano circunscrito espacial y temporalmente. La asociación usual entre cultura y arte se debe a que este último es la expresión más elaborada de aquella. Define el comportamiento general de una época.

Deus ex machina: Significa literalmente "Dios de la máquina". Se refiere a un personaje que hace el papel de Dios en una puesta en escena a fin de resolver el conflicto. El Método de Personaje ha hallado la necesidad de una tercera fuerza, la Fuerza Neutra, como negación de una solución externa del relato.

Economía de recursos: Término aplicable a todo el arte que implica una necesidad de expresar mucho con poco. En todo caso, la abundancia de elementos discursivos (por ejemplo: el Barroco) no se percibirá como excesiva si el artista los ha concebido como elementos expresivos. Aunque lo parezca nada en el arte es estrictamente un adorno.

ePaper: Se refiere a una tecnología conocida como papel electrónico que no produce el cansancio visual ni las incomodidades de reflejo de las pantallas retro iluminadas. La experiencia de lectura en eReader no tiene parangón. Hay decenas de dispositivos desarrollados por empresas que distribuyen libros y de otras que solo colocan variantes para un mercado diversificado.

eReader: Dispositivo basado en la tecnología de tinta electrónica (ePaper) que ofrece una experiencia muy cercana al libro; aún mejor si se considera que se pueden cargar decenas de títulos y su pueden chequear y traducir un término con una presión prolongada sobre la palabra.

Escritura creativa: Conjunto de actividades especializadas de generación de literatura para el entretenimiento.

Fuerza activa: Fuerza iniciadora del Relato. Necesita de las restricciones que establecen las Fuerzas Pasiva y la Fuerza Neutra para que el Relato no se agote inmediatamente. Es A1 en la terminología del Método de Personaje cuando se encuentra en la Triada Principal.

Fuerza neutra: Fuerza con la capacidad de aportar energía a un de las otras dos fuerzas. Cuando se encuentra en la Triada Principal es la que resuelve el conflicto. La Fuerza Neutra es el constructo que diferencia la dramaturgia contemporánea de la clásica. Es N1 en la terminología del Método de Personaje cuando se encuentra en la Triada Principal.

Fuerza pasiva: Fuerza que se le opone directamente a la Fuerza Activa. En los términos del personaje, no es necesariamente, el detractor. Muchas veces la Fuerza Pasiva es, por ejemplo, el mejor amigo del personaje de Fuerza Activa. No solo se opone directamente la Fuerza Activa sino que es equivalente a esta. Es P1 en la terminología del Método de Personaje cuando se encuentra en la Triada Principal.

Historia: En el Método de Personaje, los acontecimientos que justifican el relato. Es lo que ocurre antes de que el relato empiece a desplegarse y, aún, lo que acontecería posteriormente a que haya terminado.

Idea: Mínima expresión del relato. Se cuenta en una oración y contiene al personaje A1, el conflicto y el suceso principal. Véase **A1, Conflicto** y **Suceso principal**.

Imagen literaria: Desarrollo de la visión de un objeto como una expresión que apela a lo emocional dandole al lector los insumos para que construya su propia imagen (Por Ej.: en lugar de "la flores han envejecido y dejado caer los pétalos", algo así: "las flores han llorado sus pétalos en otoño")

LAP: Línea Argumental principal. Serie de situaciones y sucesos mayoritarios del relato

LAS: Línea argumental subsidiaria. Serie de situaciones y sucesos complementarios que asisten a la linea argumental principal (LAP) diversificándola y fortaleciéndola. Suelen ser dos, aunque una de mayor importancia que la otra.

Marco referencial: Diversificación cultura.l Cosmogonía del individuo.l Conocimiento de soporte del escritor. No se trata de la investigación puntual para un trabajo específico si no, la asimilación de información balanceada y sistematizada.

Matriz de comportamiento: Funcionamiento del individuo y del personaje que se justifica por las condiciones del carácter. Está compuestos por mecanismos de acciones fijos.

Método de Personaje: Sistema de escritura creativa basada en las matrices de comportamiento de una triada fija de personajes.

Mito: En el Método de Personaje, la condición cultural general de la historia. En la praxis del Método, se trata de un relato previo de carácter, efectivamente, mitológico o tomado de cualquier obra conocida por el escritor como referencia de personajes y sucesos en virtud de un nuevo relato.
Morfología: Estudio de las formas. Conjunto de características visuales. Colección de cosas con fisonomías distintivas.

N1: Fuerza neutra de la tríada principal; uno de los tres personajes que construyen el conflicto.

Narrativa visual: Cuerpo de conocimiento de las estructuras narrativas mínimas, sean visuales o semánticas, con las cuales se articula el relato multimedia. Se entiende a partir de los conceptos de Espacio, Movimiento, Línea, Forma, Color, Tono y Ritmo.

Objetivo dramático: Véase **Plan del personaje**.

P1: Fuerza pasiva de la tríada principal; uno de los tres personajes que construyen el conflicto.

Piloto: Primer capítulo de una serie. Se mide la capacidad de generar audiencia. No es raro que sea el mejor guión de toda la serie.

Plan del personaje: Objetivo que busca un personaje con su acción. Es aplicable a todo el Relato en su conjunto, pero también se establece para cada escena.

Polisemia: Múltiples interpretaciones.

Progresión dramática: Véase **Crecimiento Dramático**.

Relato: Situaciones y sucesos que componen la narración multimedia. Expresa, fundamentalmente, la línea argumental principal (LAP) pero incorpora las lineas argumentales subsidiarias (LAS).

Secuencia básica: En el Método de Personaje, una breve sucesión de pasos iniciales que el escritor debe seguir en un estricto orden: Título, Tema, Idea, Sinopsis, Personajes y Argumento.

Sinopsis: Narración lineal del relato multimedia. Implica que si el relato será contado hacia atrás, la sinopsis lo contará en el orden usual de pasado a futuro para mejor entendimiento del escritor.
Situación límite: Circunstancia que el personaje debe superar por su supervivencia moral, emocional o física. Le da forma al conflicto. Véase también **Condición inicial**.

Situación: Acción sicológica que promueve el Suceso. La Situación es la condición del Suceso.

SMD: Series para medios digitales. También *Video on demand* (VOD). Modelo que se ha definido gracias al pedido vía *streaming* y las pantallas con formato ancho. Se caracteriza por el concepto de temporadas de poco más de diez capítulos, guiones y producción de gran cuidado, producción cinematográfica.

Suceso principal: Estructura dramática hacia la que se dirige todo el relato multimedia. Se encuentra hacia el final y encierra el clímax como su punto álgido. El suceso principal es justificado por todo el relato que le antecede. En el Método de Personaje se establece desde el planteamiento de la idea.

Suceso: Acción física del personaje. El Suceso siempre debe tener una justificación sicológica.

Tema: Valor universalmente instituido que se expresa con un artículo y un opuesto.

Título: Elemento fundacional del relato que lo encabeza y lo matiza.

Tríada primordial: Estructura de relaciones básicas que se establece entre el individuo y sus tutores en los primeros cuatro años de vida.

Triada principal: Relación de fuerzas a partir de la cual se articula el conflicto y se construye el relato. Alrededor de ella las triadas relacionadas adquieres carácter de subsidiarias: los personajes fuera de la triada principal generan insumos que permite el enriquecimiento del Conflicto.

Tríadas subsidiarias: Personajes dispuestos en relaciones *triádicas* alrededor de la triada principal. Deben entenderse como anillos de personajes alrededor de los tres personajes principales de la triada principal. En la medida que los anillos se alejan su intervención en el relato sufre mayor cantidad de mediaciones por los personajes que más cerca se encuentran de la triada principal. Esto fuerza el desarrollo de estrategias narrativas.

VOD: Siglas en inglés de video por demanda (Video On Demand). Véase **SMD**.

EDICIONES

www.ingramcontent.com/pod-product-compliance
Lightning Source LLC
Chambersburg PA
CBHW070735160426
43192CB00009B/1444